终南访禅

华商传媒集团 系列丛书

——走进隐士的世界

| 陈团结◎著

人民东方出版传媒
东方出版社

总 序

看见中国

在我们的视野之内以及视野之外，在我们能感知和不能感知的世界里，在我们有意无意的视而不见或习以为常中，中国正在发生亘古未有的变化，一个个鲜活的生命正在改变这个世界的同时也被这个世界改变着，他们真实的存在，他们每天都在我们身边演绎自己的故事。每一个城市，每一个乡村，每一个个体都置身其中，被裹挟着呼啸向前，以至于彼此擦肩而过互相却没有看见。

在这个纷纷扰扰的大变革的时代，每个人都试图看得更清楚，而大部分的事实往往在视野之外，大部分人往往置身其中熟视无睹。人们需要"看见"中国，需要"看见"民间，需要"看见"百姓。当每个个体在改变自己的时候，也在改变别人，改变时代。只有"看见"，才知道自己从哪里来，正在向哪里去。

2015年，华商传媒集团成立20周年。在20年的岁月里，他的成长几乎与中国改革同步，他旗下的报纸、杂志、网站记录了这个国家日新月异的变革，看见了普通人的痛苦、迷茫，努力、奋斗，见证了城市乡村翻天覆地的变化。

20年里，华商传媒的记者们用他们的眼睛和镜头寻找、发现、看见了一个个鲜活的故事，这些故事贯穿成这段弥足珍贵的历史，呈现出一个真实的中国。本套丛书将这些故事整理结集，既是对华商传媒20年足迹和成就的梳理，展现他们在关注和记录历史、推动社会发展方面所做的巨大努力，也是为这段历史以及创造历史的人们珍存一段记忆，让忙着赶路的人看见自己，看见自己的现在以及走向的未来。

华商传媒集团总裁　周怀忠

序一 摄影如修行

　　中国人民大学的任悦老师借用罗兰·巴特的话，一直强调"摄影如奇遇"，看完陈团结兄的《终南隐士》的这个专题后，我最大的感慨却是，"摄影如修行"。

　　修行之说，古人已然参透悟尽，譬如诸葛孔明诫子"静以修身，俭以养德"，再如"修身齐家治国平天下"中，"修身"依然在第一位。俗谚亦有云，师傅引进门，修行在个人。从这个意义出发，我们可知，修行完全是个人自发的行为，与外界的助力关系不是很大。回到摄影，如果将之视为一种完全个人化的记录和表达手段，不考虑传播等因素，那么相机这玩艺儿跟文人手中的笔、武士匣中的剑一样，真真乃任由挥洒的工具。如果不是出于自我的喜爱与执著，摄影的过程与成果，也会与耐不住寂寞的修行者一样，半途而废。

　　摄影如修行，修行重长久。一个选题也好，一个题材也罢，阶段性、项目化的操作固然算作有计划有目标，但真正做出彩头的内容往往都是穷毕生精力全身心地投入，或者是无心插柳式的执著追寻方才获得。团结兄是记者，而且是一位被若干同行称赞有加的踏实而有思想的记者。他的图片报道和故事类作品流布甚广，大小奖项也弄了一大堆。直到《终南隐士》的出现，我才觉得他真正找到了自己可以永远做下去的摄影题目。当然，他同时关注的几个题材都在一如继往地推进，不紧不慢，不急不躁，亦非坏事。

　　由团结兄的照片出发，难以清心寡俗者如我等凡人，只能对

"摄影如修行"做些俗务式的理解。

一则，摄影与修行皆需要相当的功力。修行绝不是把自己关在深山老林里不问世事，而往往是有着一定社会阅历之后才隐身郊野或遁入空门，一如众人皆知的弘一大法师，或者是从年轻时代起便志于独善己身，而后寻人迹罕至处深居修炼。这修行之事，十几年、几十年算是短的，没有更多目的性，只为自己内心的清静与坦然。摄影也一样，臻于化境者往往是阅尽沧桑的脱胎换骨，甚至不问世事纷纭，只为自己拍片为乐，且多数时候一开始便向着自己内心的那个目标不断推进。至于最终能否得道，由修行的福分和功力决定，成名成家与否，倒与从事摄影的时间长短无关。这里所说的功力非单指个人素质和内心操守，更多的则是坚持不懈的本心。

二则，摄影与修行皆需要相当的定力。红尘万物喧嚣热闹，躲进小楼成一统已然是痴人说梦，"云深不知处"之地也常常被游人或探险客所打扰。是故，当下的佛门道家，亦与红尘接洽，不免成为利益诉求与心灵诉求的综合体，诉的是红尘苦，解的是凡间忧，还的是利益愿，念的是生意经。无论是旅游开发还是自我发展，反正大和尚当上 CEO 之类也见怪不怪了。按说，有些没有信仰的中国人有这些精神寄托终是好事，但中间透射出的功利心理，却让人对委身其中者有所相疑。相对于网上到处流传的寺庙招员工之类，相对于李一道长之类争议人物，那些终南山腹地的修行者反而不在乎仪式与形式，与凡界接触交往亦有底线，不脱修行之始终。团结兄登山寻隐，与居于山尖之上、幽谷之中的修行者坐而饮食，起而论道，亦是其与生俱来的定力与吃苦精神使然。他认准此题材，矢志不渝于此道而不问前程，是得益于修道之境，而愿在玉汝于成之前享受艰辛与劳累。团结兄身在新闻摄影记者的岗位，尚能披艰历险上山觅道，芸芸众生中以摄影为艺术追求者，又有几人能之？

三则，摄影与修行皆需要超脱。超脱并不是说不问世事，而是把自己置身物外，跳出三界，以更宏观和更客观的眼光看待。身在江湖心忧庙堂之类不敢乱弹，但修行者点化众生结善缘者总归是劝人向好一途。摄影亦如是，既不能把名利之类看得太重，又不能把自己的作品隐于身侧密不示人。示人是为了交流提升，亦可在朋友间陶冶情操，有时还可使人豁然开朗或有所顿悟。摄影者如能似修道者，吃得苦中苦，耐得寂中寂，按照自己的路子扎扎实实地走下去，会有得道之日。修行者不会因红尘诱惑而入世，摄影者不会因传播流布而改弦，便能在修与行、道与趣的交往中，各自完成提升。

团结兄的摄影不浮于表象，不意指传播，其日记字里行间所述尽管是人间常态，但蕴含着的那些体悟感触，干净而纯真，引人深思。这样的艰苦摄影过程，相信也是一次次灵魂净化的过程，更是一次次影像问道的过程。

终南阴岭秀，积雪浮云端。凡夫望逾远，高处不可攀。前两句祖咏的诗，讲的是终南山势形胜，风景秀雅。我胡诌的后两句，是为了讲明并不是所有人都能理解"修行"二字之义，正如大多数摄影者并不能悟得摄影真谛一样。

愿团结兄摄道兼而问道，观隐而不思隐，在行脚终南山水之间、寻习隐者道行之时，多得山水灵气、道家仙气，以道悟影，以影传道，给浊世带来更多清气。

（柴选　中国摄影报副总编辑）

序二　不以表象看世界

作为一个历史文化符号，"终南隐士"在距离我们极为遥远的过去已经终结。虽然历朝历代，这种隐修文化在终南山中始终未曾断绝过，但在当下的显现却首先来自于他者的发掘，比尔·波特的《空谷幽兰》如松风拂过，让大众再度激活起记忆断层里的诗意。也许正是这种超越职业敏感的诗意情怀，让陈团结开始了对这种包括禅修在内的隐修生活的追踪，并经数年的孜孜努力，终于成就《终南隐士》《终南访禅》这组片子。

陈团结的这组片子是简单的，他舍弃了复杂的技术因子，还原了记录的本色。但这个貌似简单的呈现却给人以五味杂陈的体验。"天下修道，终南为冠"，作为佛教的策源地、道教的发祥地，终南山自古以来就是著名的修道胜地，不少高僧大德，多聚于此。相传姜子牙、陶渊明、王维等历史名人就曾隐居于此。而今，据传有5000多位来自全国各地的修行者隐居其中，他们或是追求更高的修行，或是体验与都市迥异的生活。其中的绝大多数与"不破本参不住山"的宗教隐修已相去甚远。这种奇特的现实，让摄影师的这组记录跨越了既定意义上的隐修文化，也决定了其影像记录的特殊的社会学意义。

我深深感到：这真是一个很有意义的选择，它在选择中呈现了我们所期望的与隐修相关的一切，同时又在呈现中不经意地粉碎了我们所预设的关于隐修的框架。这种表象与隐密的背反效果再一次印证了苏珊·桑塔格"真正的认识必须由不以表象看世界为起始"的论点。

摄影师所能表达的每一个瞬间，都源自其自身的一种决定性选择，这种瞬间代表着他的审美趣味和人文指向。这部作品的意义何在，不是摄影师所需要表达的，也不是摄影作品自身所能承载的，它只是一种完成与终结。在我看来，这就够了。在名利双重压迫下的商业社会中，在依靠理论贩卖而生存的当下，我们看到的是更多的自恋与洗劫般的猎奇，真实已经扭曲，摄影正变得越来越远离其本质。寇德卡曾经有一句自我评语："我不认为自己是一个知识分子或是哲学家，我只是看。"也许我们真该回到这种状态了。

好的摄影作品可以凝固成一个永恒。客观地说，数千年的中国隐修文化要在这部作品里得到一个局部的完整呈现太难了，但作为记录，作为一个开始，它把观者的眼光引向了一个熟悉而陌生的世界，这其中文化意念的接续和画面的客观再现，确实让人感受到一种美的苦涩。

情深大于景深，这是摄影人奉为圭臬的一句话，若真要做起来，恐怕是极难的。我们可以对每一张照片作技术分析，但最终也只能以"永恒"来定义，因为我们永远不可能跨进同一条河流。

（王刚　上海文化出版社社长、总编辑

"纸上纪录片"系列丛书总策划）

序三　此中有真意，欲辨已忘言

"山不在高，有仙则名。"南五台是终南山里众多神奇玄妙山川中的一个，山不高，海拔只有1688米，却因有灵验的"神仙"而出名，山上供奉着观音、弥勒佛、释迦牟尼、玉皇大帝等多位神仙，不少人慕名前去。在山下，南五台森林公园的老魏告诉我，南五台古称做太乙山，是我国佛教圣地之一，因山上有清凉、文殊、舍身、灵应、观音五座山峰，后改名五台山；因其与关中盆地北耀县的北五台山（药王山）遥遥相对，所以又叫南五台。

南五台位于西安南约30公里的长安区子午街道办境内，为终南山支脉。山上原有寺庙数百座，历经战乱后大都荒废，如今尚在的有弥陀寺、白依堂、流水石、圣寿寺、一天门等。

山有多高，庙就有多高。南五台里的庙宇大多是经年未修，呈现沧桑之势，加之一山之中有十几座庙宇，以致不少游人慕名而至。

毒龙被关押在圣寿寺塔下

顺着盘山公路盘旋而上，山重水复、峰回路转、险峰秀崖，10多公里的山路让人目不暇接。直到半山腰的一个停车场。车不能前行了，剩下的便只能步行爬山。

2007 年 10 月 6 日这一次造访，已经不知是多少回了，每次行走，心境总有不同，总会有一些收获，可是慢慢填满胸膛的是什么呢？即使有人问我，我也只能想到一段诗句："此中有真意，欲辨已忘言"。

小雨初歇的南五台，在停车场稍做休憩，随便吃了点饭，和农家乐饭馆的老板交谈了起来。

老板告诉我，这座山很有灵气，山上有佛教的庙宇，也有道教的道观。他还讲了一个传说，隋文帝年间，南五台山中有条毒龙，变化成道人，在长安城东关大街卖药，说服用此药后可以得道升天。其实他是使用法术，给服药之人说，某年某月你会成仙，实际到那天毒龙就在空中吞食你。有一天，观音菩萨打坐开定，发现毒龙伤生，立即下凡将毒龙降服，关押于圣寿寺塔下，终生守禁，从此以后，众生免受毒龙之害。后人为了纪念观世音菩萨，在修建了一座宝塔，并命名此塔为"观音菩萨舍利塔"。

谈毕，背着相机，拾阶而上，只见古树参天，庙宇林立。

清代高鹤年在《名山游访记·终南山经冬略记卷二》中云："终南大顶有寺，名曰圆光，内住僧一人，专念阿弥陀佛。有毒龙变为羽人，携药于长安市上，诈称仙术，大士现比丘身，以降伏之。前后现五色图相祥云等瑞，赐额为圆光寺……"自隋至宋，南五台的诸多传说透露着一个信息，即观音降伏毒龙后，多次显示庄严法象，使此日成为观音得道的纪念日。这是民间六月十九日观音香期的真正来源。

后来的考古发现，观音台其实是宋朝圆光寺遗址，为著名的观音道场。相传观音台圆光显现持续了好多天，有僧人将此事下山报告了官府，后又上奏朝廷，天子大悦，即赦在此建寺，并取名"圆光寺"，从此该寺闻名于世。

拾级而上，及至紫竹林，一幅赵朴初题写的对联赫然入目：

云雾缭绕的终南山犹如仙境

紫气东来如来佛祖诵经听潭曲，
竹风拂尘观音菩萨安详伏黑龙。

庙内殿堂林立，四周寂静异常，一块世界地质公园遗址的标识牌甚是醒目。

缘遇果慧师傅

之后，爬上四天门，缘遇在此隐修的果慧师傅。他告诉我，5年前，他从山西五台山来此，居住在一个石洞里。此洞曾是虚云老和尚闭关修行之地。当年他闭关之后，与外界隔绝。

果慧师傅问："你看那儿像个什么？"

顺着他手指的方向，我看到庙门之外一棵菩提树上两枝伸展，中间突出一块，经过仔细辨认：像大猩猩。

"大猩猩张开双臂欢迎你啊！"果慧师傅说。

果然，中间突出的一块和两个树枝合理地交织在一起，真的很像一只欢迎的大猩猩。

他和弟子两个人在此居住，虽然有点简陋，但自己挑水，自己做饭，自得其乐。

正说着，有游客进门之后十分兴奋："这就是咱村的庙啊！"我有些纳闷，仔细看了一块捐资修庙牌匾的落款：东十里铺村。

果慧师傅说，每年庙会时，东十里铺村有不少人前来。那几天这里人山人海，大家一起吃大锅饭，热闹极了。

这里的石阶很和缓，倒是不少游人有几分心急，不时问问下山的人："（到达山顶）还有多远？"

已是深秋季节，阵阵凉意袭来，一夜秋风将黄色的落叶铺满了石阶，游人踩上去，梭梭作响。

"圆光寺"里木鱼声声

漫步林中，香烟袅袅，耳边木鱼声声，悠扬而空旷。山越上越高，路越走越窄，云雾也越堆越重。

登上一座山梁，放眼远望，眼前是云雾的世界，轻得如罗纱，重得如墨团；罗纱含羞轻遮山顶，峰峦叠嶂时隐时现；一卷一舒，似千军万马奔腾。忽见云海之中，闪现几重山峦，宛若海上孤岛，亦如西方仙境，令人惊呼神奇。

登临观音台后，峰顶有一农户开了农家乐，这也是南五台山上第三处农家乐。农家乐门口有一条哈巴狗，看到有人上山便两只前腿高高举起做作揖状，引得游客大乐。

农家乐的主人姓姚，他在屋子下缓坡的地方种了白菜、西红柿等，菜园子不大，但可以满足每天的必须。姚师傅很看好南五台未来的旅游前景，他在山下又开辟了一块地，用石头和水泥把地基筑平，准备加盖几间新房开旅馆。

在山顶盖房子，难度可想而知。

忽然想到在上山的路上碰见搬运砖块的挑山工。挑砖的师傅说，他一天在此往返20余趟，每次最多能挑16块砖，每次的报酬大约8元钱。游人都感叹这份钱挣得辛苦。

在姚师傅的农家乐要了一碗酸菜鱼鱼，就着陕西特有的锅盔馍，自制的酸菜，酸的过瘾。

"这里是观赏风景的最佳地方。"顺着姚师傅手指的方向极目四顾，视野开阔，群山环绕四周，山间雾气腾腾。走进山顶圆光寺大殿内，几位管护人员正在清扫院内的落叶。

据了解，他们是村子里安排的守庙人，在此守庙实行老人轮流值班。一位王师傅告诉我："这几日天气阴云海积聚，你今天看不到云海日出了！待到天晴，山上可以看日出，霞光万丈！"

说罢，他拿出一本小影集，给我展示他收藏的云海图片。小册子里的照片虽不甚清晰，但完全可以感受到壮观的云海和日出。

夜宿灵应台

中午时分，天空开始下起了小雨，冒着蒙蒙细雨，前往灵应台。据正在施工的刘师傅讲，灵应台是一座刚刚修建的三层庙宇，耗资1600多万。游人顺着在石头上开凿的坑坑洼洼的台阶，一步一步向上，有一段台阶窄得仅容下脚尖，胆子小的女士不时发出尖叫，倒给同行者增添了些许乐趣。

灵应台果然气宇不凡，大理石和汉白玉雕琢的三层高楼豁然在目。庙前，一棵松树被大红的平安布条缠绕的密不透风。

顺着大理石的台阶，汉白玉的栏杆，走进庙内，儒释道三教合一，供奉着太上老君、释迦牟尼、玉皇大帝、弥勒佛等诸位佛道神仙。

看来灵应台里的神仙多，应该灵验啊！

殿内一位道长正在给一学生模样的女子解签。解完后，我问她："灵验吗？""说的挺准的！"她付完30元小费后和同伴一道十分欢喜的蹦着下山去了。

解签的道长姓李，他告诉我，他以前住在西安的八仙宫，几年前游历南五台时，这里的美景吸引了他，从此便在灵应台落足，刚来时，这里只有一个茅棚。

"现在条件好了！"

我说完之后，李道长抿嘴一笑。

傍晚时分，蒙蒙细雨愈下愈大。李道长告诉我雨后一定会有云海出现，我便决定在此过夜。

下山之后，我背上帐篷、睡袋、头灯等野外用具再次上山。

抵达灵应台时，夜幕已经降临。

南五台的清晨，层峦叠嶂，里面隐藏着不少修行者

两条看守灵应台的黄狗狂吠不已，叫声在空旷的山谷间回荡。看门的杨师傅开了山门，说李道长下山去了。

我慢慢的登上灵应台的最高处，虽然天空中还飘着小雨，没有星星，山风很大，极目远眺，远山沟壑纵横，一览众山小的感觉让人激动不已；夜幕下看着山间白云翻滚，此起彼伏，一会儿越过高山，一会儿跌入低谷，随着阵阵松涛，连绵起伏，不可断绝。

伫立峰顶，脑海里突然闪现出唐代大诗人李白的《题峰顶寺》：

夜宿峰顶寺，
举手扪星辰。
不敢高声语，
恐惊天上人。

站在灵应台的最高处凭栏远眺，真希望能与上天的神仙做一次对话，便扯开了嗓子，高声呼喊："啊……啊……啊……"声音不但高，而且大，久久回荡在山谷中，悠远绵长……

遗憾的是，没有看到神仙，也没有听到神仙的反应——哪怕打个喷嚏也好啊。

夜空下，绕着灵应台边转边看，目不暇接。大约30米的一圈，转了整整一个小时。

之后，我在灵应台最高处，第三层的大殿之外，选择避风之处扎好帐篷，当头灯在这孤夜里点亮时，心也亮堂了许多。看够了，看累了，躺进帐篷内，听外面山风伴着阵阵松涛……

帐篷之外，有太上老君、释迦牟尼、玉皇大帝、弥勒佛，还有多个天界的仙女做伴。

此夜，幸福矣！

清晨，灵应台的晨钟如期而至、响彻山谷："咚……咚……咚……"

山下寺庙里佛音袅袅，雾霭下，修行者开始清扫庭院、石阶。

伴随着太阳初升，新的一天又开始了。

（陈团结）

目 录

上 篇

行走：结庐在人境

终南访禅

下　篇
感悟：悠然见南山

上 篇

行走：结庐在人境

一花一草，感悟玄机；一问一答，参悟世事；守住心灵，比什么都重要。

本如：净业寺中净灵心

　　与本如的第一次谋面，是他受邀赴大慈恩寺旁边的一个酒店内为来自全国各地的白领作一堂养生修行的讲座，我负责拍照。

　　这几年来，养生修行成为热门话题，从山上请一个高人下来，大家都拭目以待。

　　初春的古城乍暖还寒。中式的庭院当中，皓月当空，两位身着古典服饰的女子在弹奏着古琴，优雅而宁静。凉亭下摆放了整整齐齐的几排桌椅，还备有上好的茶品。在正上方的位置摆放了两把椅子，一看就知道那是给本如和另一位重要嘉宾摆放的。

　　本如还未到，来自国内的七八十位白领已围坐等待。

　　"师父很忙，一般也不轻易出山的，这是特别的关系才请来的。"负责接送的工作人员给来宾介绍说。

　　开门见山，本如侃侃而谈，用含着闽南语的普通话，从古今修行到终南文化，深入浅出，妙语连珠，引得听者时而鼓掌，时而点头。

本如书法

在师傅的舍利塔下建了自己的"活死人墓"

在石壁上建石房子打坐，或许真的在效仿道教全真派祖师王重阳，这其中的感受或许只有体验了的人才能知道。

妙湛老和尚是本如法师的恩师，是当代闽南佛教承前启后的重要高僧，保护恢复了南普陀，复办闽南佛学院，创办中国大陆首家佛教慈善基金会，可谓德高望重，也是影响了本如一生的人。为了纪念妙湛，本如法师将妙湛的舍利请奉至终南山，建塔供养。如今，又在妙湛法师的舍利塔下建了自己的"活死人墓"，足见本如法师对师父的敬重与怀念。

2008年3月17日，我第一次来到终南山沣峪口的净业寺欲拜访本如法师。

一入山门口，早春的野花开得十分娇艳，几滴山雨过后更显山清水秀的芳润。

开始顺着陡峭山路的台阶，一路急登，没多久，便已大汗淋漓。稍事休息后，变换了爬山的方式，慢慢地攀爬，一路默默无语，默然地迈步，听着自己的心音。

想想15年前攀爬号称"天下第一险"的华山之时，一天爬上爬下，还不觉得累，现在爬净业寺都累得大汗淋漓，或许是老了，还是少了些当年登山的心境。

在净业寺大殿前的广场上，看见一位师父正在林荫下的石碑前锻炼身体，不时地弯弯腰，伸胳膊还夹着身体的转动，有点像做体操。

他告诉我，本如法师下山去了。

我参观净业寺。在禅堂正后方的山坡上有一座石条砌墙的石房子，房子顶上就是妙湛老和尚舍利塔，石房子非常窄小，仅八九平方米，一个门，一个窗户，都很小，窗户正对着禅堂的房顶。师父

本如法师在做法事

说，这是本如法师给自己建的"活死人墓"。沿着石房子南面外墙，石头上嵌刻 10 个大字："静极光通达，寂照含虚空。"落款是妙湛。

住山修行，静或许是很主要的原因。阿兰若（阿兰若，佛教用语，原意是寂静处或闲静处，稍离人间热闹处之地，有些房子可供修道者居住静修之用，或一人或数人。也名"阿练若"。广义指供修道人禅修的寂静处）就是寂静处的意思。在寂静的环境里，或许真的才能体会到"光通达"的境界。

宋朝王安石在《草堂怀古》里写道："周颙宅入阿兰若，娄约身归窣堵波。"明代的王世贞在《游匡庐不能从南康道入取瀑布石梁之胜志叹》里写的"阿兰地寂寂，篮笋天茫茫"，让人心生几分空幽，不知道王安石先生和王世贞先生是否真正体验过阿兰若的意境？

我很佩服本如法师的"敢想敢干"，更对"活死人墓"感兴趣。

拍摄合影时，本如法师招呼客人

宿世与佛有缘，今生未能忘却

本如常说：现代人对隐士的理解太简单了，隐士不是打打坐、喝喝茶，或者选一个幽静之地修行的人。他写了一首诗：

本如自叙

因为这苦乐参半

如梦如幻的生命

因为野情放旷

所以生长在白鹭栖息的小岛

宿世与佛有缘今生未能忘却

从小读过书也识字

及长一不小心

撞在智慧老人的怀里

得妙湛总持直指

知本如此

当过山僧

耕过天边的云霞

喜欢自由自在的生活

不时地

在灵明心境地里

感受禅悟中

寂寞留给我的感动

享受生命的欢歌

本如法师教居士们如何吃斋饭

本如法师打拳

净业寺禅堂后面的狮子楼

唯一的优点是缺点太多

最大的缺点是

喜欢用变幻无穷的笔墨

勾勒同样的变幻无穷

唤醒生命中残存的记忆

如果不嫌弃

这一湾宁静

便与你一起分享

愿你随时随地

清净快乐安详

……

己酉秋日本如

本如，福建厦门人，毕业于厦门大学，中医学博士，1988 年出家，师从妙湛老和尚，国学大师南怀瑾先生的弟子，在佛学、医学、武术等方面都有很高的修养。现为终南山佛家律宗祖庭净业寺住持、嵩山少林寺禅堂西堂堂主。

在山顶还可以吃火锅

本如正在山上修建禅堂和寺院，这些都需要资金，除了香火之外，他也去香港等地化缘。他取笑说："用终南山温暖的胸膛去温暖世间苍凉的心房。"

再访本如是和好友杨小兵、李杰等人相约一起进山，2013 年 3 月 17 日，原本计划出发的目的地是观音山。

观音山是终南山支峰之一，海拔 2116 米，那是圆照法师的苦修之地。传说观音菩萨驾鹤遨游，见此地风景秀丽，独具特色，便降落于此山观赏，故取名观音山，鹤场也因此而得名。

据清同治年间第五次修葺碑载：观音山建于隋，盛于唐，兴于明，历经千年，多次修葺，建筑壮观宏伟，臻于完善。唐代高僧道宣律祖等曾在此处修道传法。山上现有明万历年间铸钟两口，一口吊在正顶龙脖之巅，另一悬挂在玉皇坪庙门前。观音山虽历经沧桑，古寺庙现存无几，但经过近几年的修复，却给它又添了几分色彩，众僧徒及游客纷沓而至，香火缭绕不减当年。

因为有家属参与，爬观音山需要三个小时，来回就是六七个小时，担心她们的体力不支，就临时改变主意，爬净业寺。

从沣峪口的丰德寺上去，也就是净业寺的后山，这是一条非旅游路线，要翻越两个小山头，全是土路，而且陡峭异常，道路不是很好走。

经过一个半小时的艰苦攀爬，我们抵达山顶，看到一座祖师塔和一座牛头塔，牛头塔是唐代古塔。

再转下去就是净业寺的禅堂，这是一个不对香客开放的区域。这是我第二次见到本如法师，他乐呵呵地招呼我们落座于禅堂，2米高、3米多长的落地玻璃外就是绵延不断的终南山，室外几树梨花开得正艳。

本如法师开始沏茶，并招呼大家说一会儿吃火锅。

在山顶还可以吃火锅？同行的小孩杨子有点小激动。

大家围坐在八仙桌旁，很快火锅就端上来了，一袭的菜蔬，清香之极，吃之舒坦。

饭后我们一起坐在位于屋顶全透明的玻璃房子内，这是一处尚在建造之中的禅堂，未完工但规模初具。隔着玻璃眺望，山就在我们的四周，景色醉人。

此刻的终南山异常的寂静空灵！

想让心灵静一静，选择净业寺吧

本如法师性格开朗，并以"和谐社会下的农民"自居。

闲聊中提及他与法清，他的回答颇有意味："还是静静的好，自在。"

他俩很像，别人经常分不出来。本如法师专门讲他俩的不同：法清法师长得风度翩翩，我长得风度扁扁（本如法师认为法清个子稍高）。

其实本如师傅是自谦。

本如开朗、活泼、富有才气，诵经、读书、写字、作画、习拳练武。低调务实，埋头苦干。

"我绝对是一个建设社会主义新农村的先进农民。"他开玩笑地说，"我自己奖励自己两个二百五。"

净业寺的南山画苑前嘉宾云集

　　"一般走下山去的人再上山就很难。法清却是能下山，也能上山。"这是本如法师对法清的评价。

　　本如说，法清法师是个富有创新意识的人，修修改改，动手能力很强。会很多，医术、音乐、武术、营养学，等等。

　　法清法师曾在净业寺住了两年多。在净业寺下面的一个佛堂，题写了"千佛之身"，落款为法清左手书。

　　本如师傅自喻："数声清馨是非外，一个闲人天地间"，也曾自喻为住山的农民。

> 问是楼观任法融，
>
> 灵心净业释本如。

这是众人对于楼观台和净业寺的评价，本如师傅也比较认可这个说法。

"你想要问事情，或者算个卦之类的，就去楼观台找任法融道长吧。想让自己的心灵静一静，那就来净业寺吧。"说完，开朗的本如师傅哈哈大笑起来，言语间流露出率直和童真。

隐士可高堂讲座，也可山林打坐

2014年2月9日，大雪给西安的交通造成很大困难，我开着自己的捷达以20码的速度行驶在西万公路上，及至山口，交警在山口设立了检查站，出于安全考虑，没有装防滑链的汽车一律不能进山。

一个冬季的干旱，"干冬湿年"。春节假期，大雪却在"破五"后纷沓而来。我再次与本如师傅依约相会，三访本如师傅。

在山口买了一副防滑链安装上，这也是开车十多年来的第一次。

装上防滑链后，汽车跑在冰冻的山路上立马稳妥了很多。到净业寺下，停放好车，开始上山，手杖、手套全副武装，这也是多年爬山的第一次，积雪山道上尚有几个稀疏的脚印。

我和道任手脚并用缓缓而上。没行多远，就看到一对老猫卧在法清题写的"禅学书舍"牌匾下，看着陌生的我们，没有丝毫的惊恐。倒是像饿了似的，一个劲地叫唤着，而我只带了几个巧克力，

本如法师主持几位居士皈依

确实没有带它的食粮。

越往上爬，积雪越厚，仿佛来到了东北的原始森林，一望无际的白色世界，偶尔有鸟儿的影子穿过。

到了本如师傅的禅堂，有几位"高人"正坐在里面喝茶。有前某杂志的总编陈老师，有目前在日本定居的陕西省已故印刻大师傅嘉仪的儿子傅巍。几位虽是第一次谋面，却是一见如故，幽默风趣，他们已在山上逗留多日，与本如法师抵足而眠、彻夜畅谈。

"有一些修行者我也很佩服，也有人避而不见，也有人装模作样，隐士的'士'字，不是一般人能达到的。"本如一边翻阅着我带上山的《终南隐士》，一边说。

"真正的高士，淡漠浮华，犹如汉代谋士张良，他在帮助刘邦平定天下之后，留下一封书信，归隐山林。那是何等气概，多么潇洒而华丽的转身。"

"隐士就是随风潜入夜，润物细无声。好雨知时节，当春乃发生"。

本如师傅说："隐士以身说法，可以高堂讲座，也可以山林打坐，无欲无求，无色无相，无欲而刚。"

没多久，又有 8 位朋友相约上山而来，他们带来了菜蔬和"甘露"，"甘露"一开满屋飘香。

中午时分，与多位上山的人一起幸运地享受了美味的菜蔬火锅。"背上来就吃掉吧，要不就坏掉了。"

一番紧张的准备，菜蔬火锅端了上来。席间，上山者，有能吹箫者，有善口技者，纷纷一展技艺，让一顿便餐风趣幽默，而且还有了几分风雅，亚红随手取下悬挂在墙壁上的古琴，一曲《笑傲江湖》便流淌开来……

　　　　沧海一声笑

　　　　滔滔两岸潮

　　　　浮沉随浪　只记今朝

　　　　苍天笑

　　　　纷纷世上潮

　　　　谁负谁胜出　天知晓

　　　　江山笑

　　　　烟雨遥

　　　　涛浪淘尽红尘俗事几多娇

　　　　清风笑

　　　　竟惹寂寥

　　　　豪情还剩了　一襟晚照

　　　　苍天笑

　　　　不再寂廖

　　　　豪情仍在　痴痴笑笑

　　　　啦……啦……

饭后，本如法师送众人下山。

居士齐燕与本如法师告别

　　小憩后，我就冒雪在寺庙里转悠，为了拍摄一张大殿的雪景，我沿着深至膝盖的积雪，拄着登山杖，沿着野兽的足迹一直摸索到大殿对面的山头。透过树枝那种雪后层林尽染的感觉有了，选择机位拍摄雪中朦胧的大殿，颇有几分"千山鸟飞绝，万径人踪灭；孤舟蓑笠翁，独钓寒山雪"的味道。

　　没想到本如法师这一小憩，竟然到了傍晚，夜幕初上，雪还在下。

　　我犹豫着，是下山，还是留下？

　　最终决定了——留下，与本如法师雪夜长谈。

终南雪夜长谈听经夜读

入夜。鹅毛大雪已停，山中的夜晚，万籁俱寂。

米粥，咸菜。

餐后，我随着本如法师开始听经夜读。

对于选择终南山隐居修行。在终南山修行了近20年的本如法师说："终南山北抵黄河，南依长江，西遥昆仑，东指大海，有王者之气。祖师大德，多聚于此。在这里修行的隐士规格都很高，一般都是国师级，出现过智正、静渊、普安、静蔼、灵裕、虚云等多位高僧大德。而且终南山有一种'气场'，能直通人心，在这里修道易成。正如高鹤年先生在《名山游访记》所写：名山修道，终南为冠。"

国内人的信仰大多来自母亲，属于妈妈信仰。母亲的信仰对孩子有着至深的影响，吃几年素，拜拜神，没有实践，没有经历。

窗外夜色正浓，雪白凄冷，室内侃侃而谈，其乐融融。我们五人席地而坐，大米粥之后，煮上了桔普茶。

伴随着桔普茶的清香，本如法师开始讲述《佛说八大人觉经》，这是传印法师送给本如的。本如法师声音洪亮而富有磁性，一听就让人顿觉心中空灵，尤其是讲完之后的钟声，犹如敲击着心灵。

读读经典，让大家觉悟。

博学的本如法师，乐于交友，与每个人分享自己的所学，耳根比眼根聪慧，听的记忆比看来得快。面对众友人，本如法师侃侃而谈，引经据典，一口闽南普通话，经常会博得大家的掌声和笑声，言语间可以看出学识的渊博。

我"堂堂七尺躯，何惧三寸舌"。在历史的长河里，终南山"脉起昆仑，尾衔嵩岳"。终南一词最早出现在《诗经》里，而秦岭一词出现却是在司马迁的《史记》中。终南山神秘莫测，博大精深，

雪后的净业寺禅堂

　　终南隐士文化也岂是区区几个住山人能相比或者代表的。古代许多帝王将相及佛教、道教仙贤都与终南山有缘，诸如姜子牙、商鞅、诸葛亮、李世民等，都与终南隐士文化有着深厚的渊源。

　　聊着聊着，聊到了玄奘法师。本如师傅说，其实玄奘法师是最会和皇帝打交道的和尚，比如义弟的来历，就是和皇帝攀上了亲戚啊！

　　佛说，不谈政治。真的不谈吗？

　　我们天天在祈祷风调雨顺、人民安居乐业、兵戈永消、世界和平。早上是佛，晚上慈悲，人鬼神等都要祈福。

　　《六字禅经》，要读就读原典。毛泽东读《史记》评价诸葛亮，胸无大志，没有问鼎之心。

　　从古代传说聊到现代电视剧，说到了上世纪80年代曾风靡一时的电视连续剧《渴望》，本如法师对里面的主题曲很着迷，认为写得好，富有禅理。说着他就随口朗诵了起来：

画家张杲（左一）等与本如法师（右一）在律宗祖庭的石碑前合影

悠悠岁月

欲说当年好困惑

亦真亦幻难取舍

悲欢离合都曾经有过

这样执著究竟为什么

漫漫人生路上下求索

心中渴望真诚的生活

谁能告诉我是对还是错

问询南来北往的客

《渴望》中的几首插曲都不错，一切都是佛法。

茫茫人海，终生寻找

一息尚存，就别说找不到

希望还在，明天会好

历尽悲欢，也别说经过了

每一个发现，都出乎意料

每一个足迹，都令人骄傲

每一次微笑，都是新感觉

每一次流泪，也都是头一遭

聊着聊着，已过凌晨两点，我们却丝毫没有倦意。

心寂山自宁，古刹僧煮茗

本如法师聊天中几次提到寒山的诗，他也推荐给我说好好看看。随后我百度了一下：寒山与拾得均是唐代贞观年间的著名诗

本如法师看《终南隐士》

僧。寒山常住于浙江天台山寒岩幽窟中，因其姓氏不详，故以"寒山"称之，又称寒山子或贫子。传说10岁时被弃于路旁，为天台山国清寺丰干禅师拾来，此后一直留在国清寺中为僧，故名"拾得"。寒山、拾得与丰干禅师三者皆隐栖国清寺，故亦称"国清三隐"，又称"天台三圣"。

相传寒山举止怪诞，与众不同。他经常戴着桦树皮编的帽子，穿着破衣，拖着木屐，游戏于山林间。有时独言独笑，有时望空谩骂，貌似疯癫。

寒山诗具有鲜明的乐府民歌特色，其内容极其丰富，时而白描众生百态，时而讥讽时弊，时而阐发佛教义理。不同类别的诗又被赋予了不同的风格，如警世诗悲慨直捷；其表现技巧多用白描和直抒胸臆，也运用比兴、比拟等形象化手法，间或引用一些佛经典故及古语，但总体上仍保持其通俗性。语言直白浅近，晓畅自然，而禅趣盎然，蕴意深刻，发人深省，这是寒山诗的鲜明特色。拾得与寒山为友，参禅论道，互相写诗酬唱。流传下来的 50 多首诗大多是佛教劝世诗。《四库总目提要》评价："有工语，有率语，有庄语，有谐语"，十分精当。择录几首供大家一阅：

本如法师坐在四周透明的玻璃屋内

可笑寒山道

可笑寒山道，而无车马踪。

联溪难记曲，叠嶂不知重。

泣露千般草，吟风一样松。

此时迷径外，形问影何从。

吾家好隐沦

吾家好隐沦，居处绝嚣尘。

践草成三径，瞻云作四邻。

助歌声有鸟，问法语无人。

今日娑婆树，几年为一春。

凡读我诗者

凡读我诗者，心中须护净。

悭贪继日廉，谄曲登时正。

驱遣除恶业，归依受真性。

今日得佛身，急急如律令。

重岩我卜居

重岩我卜居，鸟道绝人迹。

庭际何所有，白云抱幽石。

住兹凡几年，屡见春冬易。

寄语钟鼎家，虚名定无益。

酒酣耳热，只见本如法师模仿着评书里的开场自我调侃："话说终南山一疯癫汉，头戴斗笠，身披百家衣，脚踩祥云，飘忽而至，现身在香港繁华的王子酒店，他一出现，众弟子爆发出热烈的掌声，如潮水般……"

本如法师和自己的爱犬

雪中的净业寺禅堂

第二天在下山的路途中我看到了住山佬本如的诗作题写于石崖上。

心寂山自宁，

古刹僧煮茗。

世间平常事，

吾生贵我行。

本如语录：

不读华严经，岂能知佛之富贵，目前的科幻小说都比不上《华严经》。

如果你的境界没到，你也就不会有终南捷径。

待人处世，待人接物，就是磨砺自己。

深入经典，深入禅定，宏法利生。佛法是活法，天下好话佛说尽。

和尚三件事：诵经、劝化、默然，这是出家人的正业，其他都是旁业。

与人为善，不遗余力地成就他人，不知不觉也成就了自己。一己是人，众人是天；谋事在人，成事在天。

你最恨的人往往是最亲近的人。

世间无常，人生无常，常常有飞来横祸。

世间名山僧占多。（到底是僧占多，还是道占多，两相纷争，无有考据）

大家都处在各自的圈子，出了圈子啥都不是。

王维的诗歌，意趣契合佛理。诗为禅客添花锦，禅是诗家切玉刀。诸佛妙理，默契而已。

《心经》，经者径也，佛者觉也，外不为诸境所迷，内不被自心所惑。

佛陀就是觉悟的意思。

心怀三千里，纵横五大洲。

法清：任是市井亦深山

与法清法师的谋面之心素来已久，却是机缘一直未到。

摄影家杨小兵电话曾邀约我一起拜访，我却在新疆罗布泊出差，未能如愿。

一位修行者在山中的茅棚里看书

終南訪禪

相约法清，不能带相机

　　虽然久向往，但相约谋面已经是 2012 年 11 月 28 日，在终南山某峪，法清法师一再叮咛不要透露他隐修的所在，笔者尊重他。

　　之前，我去素心茶坊喝过茶，也去素心铭吃过饭，一个纯素食的饭店，格局典雅传统，一色灰木结构，小桥流水，每一处都似随意却透出独具匠心。尤其是正门厅的一首自写的《素心铭》至今记忆犹新：

雪后的终南山

核桃也可以烧着吃

泉不在山，清者自清。

鸟不在林，鸣者自鸣。

斯是天道，唯本素心。

浑金登堂烁，

璞玉入室莹。

楚河汉界事，

老调莫问今。

歌明月，

品佳茗，

无嗔恼之伤骸，

无名利之劳形。

商风易聚散，

宦海易升沉，

佛子曰：朴素真心。

终南山里的修行者师徒在高台之上弹奏古琴

几日前在网上浏览，看到居士明昔的手机号码和 QQ 号，便给明昔发了一条短信："我正在做《终南隐士》一书，目前已进入后期编辑阶段，法清师父应在其中，想见一下！陈团结。"

第二天一早，明昔回了信息，详细询问了原委。

我们约好了时间，但声明只能一人，而且空人，也不能带相机。

我是摄影师，不带相机咋行？

后经协商，相机可以带，但拍与不拍上去再说。

我如约而至。明昔开着越野车在山下接我，越野车在泥泞的山路上七扭八拐，半个小时后，抵达高山之巅。山上的积雪尚未融化，斑斑驳驳的装点着冬日灰色的山体。

下车时，明昔客气地请我把相机放在越野车上。

我随着明昔走在山间的石板小路上。石板路错落有致地逶迤在山林之中，点缀其间古朴陈旧的石狮子更具韵味，让没有带相机的我懊恼不已。及至一高台，中式木板，三面落地玻璃，在外面可以对房子里的境况看得一清二楚。

推开一扇木格推拉门，一个面向东方的房内，暖气融融，与外面山林间的白雪皑皑形成诗意的对比。

坐在室内就可以饱览群山。室内端坐三人，正中一位端坐正厅，面带微笑，一位坐在侧面，手执茶具沏茶，另一位则坐在墙角诵读着《乾隆大藏经》。旁边的两行书法"深入经典智慧无边"，庄严而醒目，也善意地提示着众人请勿打扰。

不用问了，正中端坐的一定是法清师傅，他挥手示意我坐在他的右首。坐下打量着他身后墙上的书法作品："晏坐龙首听夕阳，松柏浮云满目香。何须生公问顽石，群山无语自清凉。二零一零年十一月法清左笔。"

居住茅棚的隐修者大多选择独居

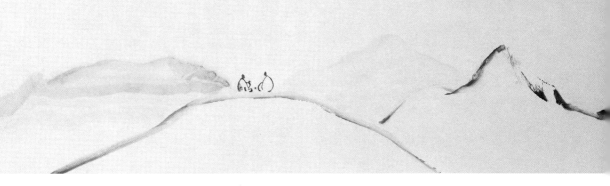

法清法师的画看似简单却富有韵味

画画用右手，写字用左手

　　法清法师，1969 年出生于闽南，1983 年出家，1989 年毕业于厦门闽南佛学院并留校任教，主要讲授《金刚经》《维摩诘经》《圆觉经》等。1998 年于陕西终南山结庐深居。2000 年至 2007 年间在西安创建以佛教文化为主题的佛教会所——佛家庄、素心铭和素心茶坊等，借此广结善缘，传播佛教，让高深的佛法融入百姓生活之中。2008 年初他又舍去一切事务，重新回到终南山结茅蓬清修。法清法师自出家以来，潜心于禅宗修持，习禅之余，与笔墨结缘。近年来，随其禅定日增，笔墨之妙愈长，所作之诗、画、文皆意境高远，禅意深邃！

　　趁法清法师临时出门的工夫，我疑惑地问法清法师为啥用左笔，明昔解释说："师父画画用右手，写字用左手。他认为用右手写字是在模仿别人。"

　　简单的闲聊，我提及自己的作品《终南隐士》，法清师傅立即

感兴趣地问书是宣传什么？我答，是想告诉世人一个隐秘群体的生活态度，以及他们在终南山里的隐修生活和中国的传统隐修文化。

法清法师叹道："这个难得，也值得去做！"

法清法师谈到中国的隐士文化，"终南山的隐士文化，几千年来光芒闪烁。"他说，多年前一个外国学者，出版了一本书介绍了终南山里的隐士。其实书中描述的不是隐士，书中描述的人大多充其量就是一些苦修者，称不上隐士。他一定是弄错了，一个外国人，他不了解中国的文化，不了解中国的事情可以理解，而我们中国也有人跟风，把那些苦修者宣传成隐士，其实这是偏离了中国隐士的精神和精髓。

什么样的人才真正称得上终南山隐士

法清法师对隐士有自己的看法，他分析住在山里的几种人：

一种是山民。世世代代居住在大山里，住山靠山吃山，却没有觉悟。

一种是山里的苦修者或称其为"行者"，有佛教徒，也有道教徒，也有一些居士。此类人不在少数，他们选择住在茅蓬里或者山洞里，"饿其体肤"，忘记苦痛，目的是想有所追求，但日子过得很苦很难，信奉"天将降大任于斯人也，必先苦其心志"的信念。

另外一种就是隐士。这些人有能力，却不愿意为他人去服务，他们以自己的能量创造了一种诗意的生活，就像陶渊明在《桃花源记》里描写的："缘溪行，忘路之远近。忽逢桃花林，夹岸数百步，中无杂树，芳草鲜美，落英缤纷，渔人甚异之。复前行，欲穷其林。"带给后人无尽的、美好的想象，也给世人的心灵留下美好空间，给人类留下一笔丰富的、高尚的精神财富，而不是像一些人宣传的，或衣衫褴褛，或可怜兮兮。常人见到的大多为苦修者，而非隐士。

法清法师总结能真正称得上终南山隐士的人。第一，应该有文化、有思想；第二，生活能自理，可以自己解决自己的温饱，且衣食无忧；第三，在城市里显赫过，为社会作过贡献；第四，舍弃了以前优越的生活、优越的环境和地位，独居隐居不再与外界来往。

法清欲打造一个隐士修行的样板

法清法师心中有一个美好的隐士修行蓝图，他描绘着，并身体力行地践行着这个蓝图。

昔日住山不识山，
只为世间事态繁。
如今见得峰上月，
任是市井亦深山。

上海画家田学森在华山后山面壁住山 5 年

　　这是法清法师当年在城市里创办茶坊时的想法。他是想把一些朴素的生活观念灌输给居住在繁华都市里的人，让人们在烦躁的都市里能有一个精神的休憩之处。做了几年之后，他反省了。那些山啊、水呀都是假的，是人为制造出来的"幻象"。人真正的生活还是应该与大山、与自然融为一体，吸收大自然里的精华和灵气。

　　现在，有不少书画家都在终南山里建造了自己的书画工作室，这也是在吸收天地之灵气、自然之灵气。

　　2008 年，法清重新回归山林。他在终南山里寻得一处幽静之地，每日参禅打坐，诵读经书，写字作画。他的画一山、一石、一草、一木，一蒲团、一片云、一叶扁舟、一湾溪水，都简洁而富有禅意，幽静空旷。

　　隐士们的居住之处都有一定的距离，或位于僻静的山头，或居于幽静的林中。小径通幽，绿竹生翠，百鸟争鸣，夏天倘佯在天然

居士们在净业寺斋堂准备用斋

雪地里的修行者

的氧吧，冬天享受着自制的暖气，做一个别人学不来也复制不了的人。来这里隐居的都是功成名就的人，有自己的汽车，衣食无忧，别人想找也找不到，需要买东西了，自己开着车进城。

说话间，法清法师指着一处茅蓬，顺着他的手指，我看到一处木质的茅蓬位于悬崖边，一根柱子伸到了悬崖下。

他想象着，"三五个好友，披着棉袍，围坐在木亭之中，烫一壶老酒，对酒当歌，旁边有人古琴弹奏着《笑傲江湖》，岂不快哉！"

"隐士文化的存在，不要规模化、集团化，也不需要大部分人知道，否则就世俗化了，一部分人知道就行了。"末了，他补充说，"有时甚至要冷漠一点。冷漠了，才显得高洁。"

他还说，中国传统文化需要一批人去保护，去传承。我们是凭着良心做好自己的事情，宣传多了就有副作用。这个时代，不少人

居士向炳伟在打坐，他崇尚中国传统文化，并践行着

隐修者的茅棚

学会跟风，隐士文化一旦形成一阵风，形成市场，各种造假就出来了。

他讲述了自己 10 年前冒雪前往太兴山的境遇，爬到山顶看见一小庙庙门紧闭，兴之所至，作诗一首：

庙门紧闭雪汪洋，

不许游人送炉香。

最是清寂冷漠处，

一声呵气一诗篇。

和法清法师聊得很尽兴，明昔端来了熬制的禅茶请我们品尝。

茶淡味香。说起禅茶，法清法师道："禅茶其实并不神秘，就是修行者参禅时喝的茶。参禅时，肚子里不能积食，不能有胀气，就喝这些茶来提神、舒气、补充营养，而外界一度将其神秘化。"

接着，明昔给我介绍了禅茶的熬制方法和原料，就是用普洱茶加一些大豆、花生、芝麻、核桃等五谷杂粮，长时间熬制。

法清法师自喻为一个中国传统文化的践行者。他是这么说的，也在这么做着。

与法清法师道别，如来时一样，他挥一挥手说："我们不客套，不虚假，来不迎，去不送。"

下山的半道上，我看到了一块牌匾，是法清法师题写的："歇即菩提。"

合定的床是由两个钢丝床拼成的，她在拉着蚊帐的床上打坐

净业寺里，嘉宾表演武术

我辈这些都市里的劳碌者，匆匆忙忙，节奏一日快比一日，看来适当地放下，慢一慢，歇一歇，也是很有必要的。

借用一句时髦的话："请慢一慢，让我们的大脑跟上我们的脚步吧!"

释永净：心有所向居清幽

之前曾听过一个传闻：终南山一个山洞住着一位比丘尼，在山洞打坐修行，禁食二十余天，没想到有人爬上山，撬开门去骚扰她，正在修行的比丘尼在黑暗中给了来者一拳，正中眼部……同行的寻访者张剑峰说："差点没把眼珠子打出来"。

这个被外界传说的故事主人公就是释永净。

一起闲聊的人都称赞她漂亮

2012年2月26日，一场大雪过后，大地银妆素裹，茫茫无际，我乘坐帕拉丁四驱车从西安至终南山。

山路上没有一只脚印，只有野兔偶尔在雪面上留下的痕迹。十几厘米厚的雪，竟然在次日已融化下山时，路面泥泞不堪。

走到人头山的半山腰时，在一户农家门口，看见两位比丘尼正在洒满阳光的院子里与村民闲聊。一位衣着整洁、眉目清秀的比丘尼胸前挂着一个黄色褡裢，上面印着"金刚经"几个字，因为天气寒冷，她双手藏在褡裢中取暖。通过交谈得知，这位比丘尼是释永净。

释永净的老家在福建，2010年9月从扬州空明寺来到终南山。

"1999年出家的！你们每个人都要问这个问题吗？出家之前没

释永净下到河道里去准备洗衣服

有结婚，谈过恋爱啦，这样是不是比较老实？"释永净笑着说。几句明显的闽南口音，流露出几分率真。

周围一起闲聊的人都称赞她漂亮，问及她出家前的个人感情时，释永净说："我们中国人，男大当婚，女大当嫁，谈恋爱很正常，都有一样的过程。但《楞严经》中佛说：'汝爱我心，我怜汝色，以是因缘，经百千劫常在缠缚。'如果我们降服自己，就会发现个人是多么渺小。佛说：'虚空生汝心内，如片云点太清里'。我们反观自身，如微尘，又何必在乎情情爱爱呢？阿难尊者看到佛，顿舍世间恩爱。但我们凡人的烦恼就是因为恩爱生起的，有时候，我们自己觉得自己孤单，想要一个依靠，但靠得住吗？念念无常，靠不住的。"

有关那个修行时被骚扰的传闻，我们在释永净口中得到证实，她依然带着笑容说："我已经二十多天没吃东西，头晕眼花，我也不知道他是谁，就胡乱打了出去。"

她说自己没有什么朋友，跟外界几乎不联系，也很少说话，几乎不下山，也从来没有到这个山腰来过，没想到一出来就遇见这么多人。

出家前每天下午都会莫名地心酸

释永净的家人还在福建，但她并不与家里联系，家里人也不知道她在终南山什么地方。她出家时，母亲并不愿意，觉得"白养了这么多年，以后一餐饭也吃不上你的"，但她的父亲支持她，亲自送她到佛学院。

"头上三尺有神灵，天上有人叫我出家，我就出家了。"她说，出家之前，自己的生活是"和别人一样打工"，但每天下午都很伤心，从来不知道什么叫开心，出家的原因就是因为每天下午都会没

释永净走在河道的石头上

有理由地心酸。

"每个人都在议论我，为什么这么爱哭呢？后来天上有一个声音说：出家去！我就出家了。如果我还在社会上玩儿，我会有烦恼的。"她说。

在交谈过程中，释永净一直在推荐我看看《楞严经》，她说这部佛家经典告诉大家：人的身体与众生共，并不是自己一个人所有。她随口引用《楞严经》中的片段，这部经书她在1999年进入佛学院后第一次阅读时，一口气就看完了，"看完就愣在那里，别人跟我说话我一句也听不到。"

在佛学院，同时要学习的还有大学语文、政治等课程。"天天要写文章，这不是让我打妄想么？出家不是要消妄想么？所以，其他课程我干脆都不学了。"她说。

冻伤两根手指以为再不能端钵诵经了

她形容自己是被"捡"到现在居住的山洞的。

释永净讲述，那是在 2010 年 9 月，释永净从扬州来到西安，在引镇路边遇见一位要去云游的比丘尼，那位老师父在车上看见她一个人在路上行走，便下车问她去哪里？得知她要住终南山修炼，就说：你帮我去看山洞吧！刚住山时，她所有的食物是一位居士送她的一袋馒头，她足足吃了一个多星期。后来在附近村民和居士的帮助下，才购置了一些餐具。

随后，我们跟随释永净来到她居住的山洞，这座山洞位于公路

释永净采摘菜苗

释永净在房前屋后种蔬菜，有黄瓜、南瓜等

边一座石头山上，从山下爬上去要 20 多分钟路程，沿路有三五户农家。山洞在一块直径十几米高的巨石下方，洞口砌了砖墙，在外面看像座小房子，走进去才知道天花板是一块巨石。在修行的隐士中，这样的房子很常见，很多人认为山洞冬暖夏凉。

其实，释永净恰恰在被称为"冬暖夏凉"的山洞中饱受严寒。

"我从南方来，不知道北方山里的冬天这么冷。"山洞中虽然有土炕，但初到北方，她并不知道怎么用。

"现在说来是前年冬天了，当时不会用炕，没有电褥子，就冻

行脚归来的释永净

坏了这两根手指。"她从衣袖里伸出左手，食指和中指最末端的指节比右手偏小，而且内扣，她说："当时指头已经黑掉了，等于坏死了，还化了脓，一位长者带我去西安最大的医院，人好多，排很长的队，开始的时候医生还舍不得剪掉手指头，包裹了让我回去养，第二天再去，一看不行就剪掉了。"

两根冻伤的手指很难恢复，释永净被收留在八仙庵修养，起初她以为自己再也不能端钵诵经了，康复一些时间后就回了福建老家。

在她口袋里装有一部智能手机，是弟弟送给她的，但她从来没有打过电话，也不知道手机里的其他功能，加上山里没有信号，这部价值 3000 元的 HTC 智能手机只被用来看时间。

这部智能手机就是弟弟那时候买给她的，目的是为了能够联系到她。

这一年多，她说这只手从来没有碰过水，目前才恢复了一些，但变得非常敏感，不注意碰到就会疼痛。

2011 年，手指稍微恢复后，她又从福建返回终南山的茅棚，西安一位居士帮她买了电热毯和小电暖器，但因为不会烧炕，土炕还是被她拆掉了，买了一张木床。她重新把狭小的山洞隔成两间，里间四平米大小，是卧室；外间稍大些，作为禅房，供奉着佛像，佛像前是几十本经书。

"山洞很潮湿，但有电暖气能好点。电褥子我也不太用，被褥热了我就关掉。"释永净说："今年冬天好多了，我的手也能端钵了，师父说我还可以继续出家，我就继续留在这里了。"

下山去市区，那是因为她有了"妄想"

"我觉得寻访者也不会打扰到我，我们也不可能有这种想法，而且，佛家讲广结善缘，自清的人不会被打扰到。驴友也打搅不了修行人，大家游玩就是礼拜六、礼拜天，最多在山里一天时间。而且，我们修行还有一个责任，佛教三皈依中，第二皈依法，佛为了度众生得解脱，要随缘，哪天成佛了，我看到别人受苦我也难受，我肯定不愿意。佛的心量，佛视一切众生为世子，都是他的子女，都是他的孩子。"

问及终南山其他修行者时，她说自己认识的人很少，因为住的地方偏僻，能找到她的人也不多。

我们上山时，遇见几位道教的修行者，便和他们在一张桌子旁聊天、吃饭。

吃饭前，她独自一人合掌吟诵佛经，饭桌上的场景非常奇特。

"我不排斥道教，道教一些书我看过，修行不管道教佛教。"她说。

个别时候，释永净也会下山去市区，她说那是因为她有了"妄想"。有一次，坐上公交车后，售票员问她去哪里，但她不知道自己去哪里，于是说："西安。"售票员又问："西安哪里？"她回答不上来，干脆下车。

对山外的世界，她称为"社会上"，她不太愿意评价社会，但偶尔会说："人人都在追逐人民币，人们的心太粗、太浮，不知道观自己。"

"我特别不会跟人说话，这是我进山后说话最多的一次了。我就是这么莫名其妙的。我好久没说过这么多话，没见过这么多人。附近村民很纳闷，我根本不会照顾自己，怎么在山里活下来的。"释永净说。

她拜托我将自己治疗手指期间买的一些俗家衣物送给需要的人，十几件衣物大部分都是崭新的，她说既然手指恢复了，自己就再也不用穿俗衣，可以把它们送给需要的人。

其实，住在山里的修行者，在俗人看来，住得简陋，吃得清

释永净住的茅棚一半为石屋一半为瓦房

淡，是在受苦。而释永净却说："苦也好，乐也罢，人生就是一场修行，苦乐自知，平安是福。"

用最后一根火柴给我做了斋饭

坐在释永净院子里的石桌石凳前，我拿出自己携带的橘子，递给释永净，当她剥开准备吃时，突然又说："不吃了，这个不是我的。""不是我胃的！"（意思是不是她胃里应该有的）随后她拿出自己的核桃，还坚决地给我装了满满一塑料袋。

那天是 2012 年 9 月 28 日，我独自再访释永净。

上山的时候，看到有山下的村民给山上背特制的砖块。一问方知山上要修一个茅棚。这砖是特制的，比一般的砖大好几倍，是水泥砖，重 44 斤，背上去的酬劳是 4 元钱。几个上了年纪的村民步

两只小狗在释永净旁边嬉戏

释永净坚持行脚，下雪也不例外

履艰难地背着砖前行。

到了修茅棚的地方一看：果然是个好地方！一面依山，三面绝壁。在山里，这样的地方通风而且光照充足，是难得的向阳之地。

正在盖房子的柯师傅告诉我："刘道长和弟子下山去了。"他和张师傅一个负责技术，一个打杂，每人每天的酬劳是120元。

聊了一会儿，我惦记着释永净，便继续前行。

到了释永净的门前，看见大门紧闭，喊了一声之后，释永净在里面应了。几分钟之后，随着"吱呀"一声，木门开处，释永净一身灰色的僧衣出现在眼前。

聊了一会儿，眼看将近中午，释永净说她还没吃早饭，也邀我一起吃饭。

她起身走到自己种的菜园子前，说是菜园其实就是在茅棚的前后左右相对平坦的地方，种了很多瓜果蔬菜，有黄瓜、茄子、辣椒，还有青菜、大白菜和小菜苗，等等。她摘了两根黄瓜，一个大南瓜，又在附近拔了一些菜苗。

"我还从没给别人做过饭呢。"释永净师傅一边洗菜一边说。

一切收拾停当之后，释永净开始在狭小的厨房里准备炒菜。她摸出火柴盒，取出里面仅剩的一根火柴，一划，火苗"嗤啦啦"的点燃，火柴发出的黄色火苗引燃了塞在锅台里的树枝，发出"噼噼啪啪"的响声，顿时屋子里弥漫着青丝般的烟雾。

"就剩一根了！"我有点惊诧自己的幸运，要不然生米咋能做成熟饭？

随着柴火的燃烧，灶下火焰升腾，不一会儿清油已经烧热。释永净把花椒放进了烧热的菜籽油里，铲子和铁锅咣当、咣当，碰撞之声在我听来煞是清脆。

她炒了黄瓜、南瓜，最后炒了豆苗和人汗菜（当地野菜）。

释永净洗了锅，倒进淘好的大米，添了两瓢水。

我看她茅棚前的树上有一个喜鹊的巢穴，就问："窝里有几只喜鹊？"

"莫关心，别攀缘！"她说。

听到"攀缘"，我有点不太理解。后来琢磨，也许就是和别人套近乎的意思吧。

经她点拨，我才知道攀缘，梵语，攀取缘虑之意，指心执著于某一对象之作用。众生之妄想缘取三界诸法，此乃一切烦恼之根源。盖凡夫之人，妄想微动即攀缘诸法；妄想既有所攀缘，则善恶已分；善恶既分，则憎爱并炽；由是，内烦众结，外生万疾。此皆攀缘作用所致者。明代真鉴的《楞严经正脉疏》悬示：诸众生以攀缘心为自性者。

常年生活在大山里，释永净过河十分轻巧

午饭后，永净下山行脚①去了。我去顿融住的山洞看了看。遗憾的是，山洞还在，顿融却已远游去了。

永净一般上下山一次要行脚三个小时以上。下山途中，我碰见了她，问要不要送她上去，她问我几点了，一看表已是下午五点半。

她说："不用，这点路不算什么！"

她让人联想到黛玉或是西施

释永净平时总是一副惘怅的样子，有点像林黛玉。她的身材清

释永净正在茅棚附近的河道里洗衣服

———————————

① 行脚，又作游方、游行。谓僧侣无一定的居所，或为寻访名师，或为自我修持，或为教化他人而广游四方。游方之僧，即称为行脚僧，与禅宗参禅学道的云水同义。

释永净行走在雪后泥泞的小路上

瘦，看着有点营养不良的感觉，但她很精神。

第三次见到释永净，是一年后。

2013 年 9 月 2 日，天很晴朗。我再一次进山，在山口碰见了返回山里的她，我请她上车捎她一程，到了她居住的茅棚下面下车。释永净开始爬山返回了她的茅棚。

我此次的目地是人头山，路途较远，只能是帐篷、睡袋全部带上。

第二天午后，我下山在农家乐吃午饭，正在歇息，突然看见释永净端着一盆衣服走向了河边，她利索的步伐，轻盈婀娜，碎步在河道里的石头上一点而过。我小跑着才追上。她莞尔一笑："你还在拍啊！"

她在河道里一个平坦之处，放下了脸盆，绾起裤腿，开始浆洗衣物。释永净虽没有沉鱼之容，却也清秀。这场景让我想起在河边浣纱"艳色天下重，西施宁久微。朝为越溪女，暮作吴宫妃"的"西施"。

岭上千峰秀，
江边细草春，
今逢浣纱石，
不见浣纱人。

洗完衣服，她把脚上的鞋子脱下来也在河水里浆洗了一下后，端着脸盆又返回茅棚，依然是轻盈而去。

心一：修行之人非皆隐

心一居士近年来组织策划终南山佛子夏令营、终南山访道供僧、终南禅修、终南禅茶会、终南写经等佛教文化系列活动，并编辑出版《长安古刹》《长安佛教》，为挖掘开发"终南文化"不遗余力。现为长安终南山佛教协会副会长。

他是一个特别的弟子故而法名特殊

多年前伦敦被称为"雾都"，那个时候我们还真想象不出"雾都"的模样，时过境迁，"雾霾"已经到了我们的身边，西安也成了"雾城"。连日来的雾霾笼罩着整个西安城，也压抑着人们的心灵。2014 年 11 月 30 日，与心一约好相见。这个周日是初冬西安难得的好天气，阳光明媚。

我期待着在这个难得的好天气里，与心一在兴教古寺里席地而坐，品茗参禅，那将是一大乐事。

心一于 2003 年皈依在本如法师门下，本如赐名心一。本如曾说，他是一个特别的弟子，故而他的法名与别人不一样。

心一居士俗名田洪纲，1977 年出生于长安滦镇，早年从事书画装潢，大开眼界，对陕西当代著名书画家作品皆认真研读，细心揣摩。后得遇净业寺本如禅师提点，有所悟，遂入兴教古寺，摒弃

终南访禅

心一的床后是一面墙的小格子的架子，上面摆满了小茶壶茶碗

外缘静心修习佛法，以"写经"为日课，曾抄写《心经》一百卷。

在西安城南，我见到心一。

他一身黑色的中式服装，外面套着一件蓝色粗布背心，没有系扣子，胸前还搭着一条黑色的围巾，脚上穿着一双圆口布鞋，头戴羊毛针织的半圆形小帽，护着脑门。走起路来，步态轻盈，围巾和背心随着脚步移动而左右飘逸。我陪他一起回寺院。

2014 年 6 月底，心一陪同比尔·波特在终南山里转了三天。我们的谈话便从比尔·波特开始说到中国的城市化进程，从中国的传统文化说到了法清、本如，一个多小时的路程中，不知不觉过去了。

到了兴教寺，门前出售香火的小贩占据了右边半边马路，左侧停放着几辆车，看来一大清早来兴教寺的人还真不少。

前些年的拆迁风波和 2013 年的申遗成功，让兴教寺的知名度迅速提升，每逢周末，游客倍增。

"兴教寺不收门票，这样做是为了方便市民和香客参观。其实，每一个寺庙、道观都不应收取门票，应该免费向公众开放。"心一说。去年曾有国内几个寺庙的住持联合倡议，相信不久这一天会到来的。

到了兴教寺，刚好是吃斋饭的时间，心一邀我一起去吃斋饭。斋饭是素饺子和烩菜米饭，我特意

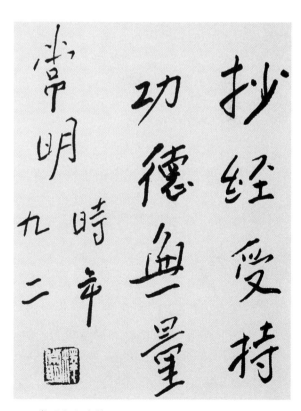

常明老和尚的题词

心一（右）和兴教寺住持宽池

打了一份饺子。

饭后，心一要处理一些杂务，我就在兴教寺的院子里转悠。

兴教寺位于终南山下杜曲镇少陵塬，坐北面南，庙内分东、中、西三院。西院是生活休息之地；中院是塔林和大殿，塔林是玄奘法师和他两个弟子的灵骨砖塔，还有大雄宝殿等；东院为方丈室和客堂。

整个庙内殿堂林立，廊檐参差。名人题写的牌匾比比皆是，有康有为题写的"兴教寺"，有当今佛教协会会长传印长老题写的"正法久住"，有常明老和尚题写的"佛日高悬"，还有心一题写的"诸法空相"和当今名流贾平凹、钟明善、雷珍民等人题写的牌匾林立于廊檐下。

驱车终南取山泉来煮新茗

心一忙完事务，我们一起进入西院，心一问我："着急回去不？"

"不急！"我答道。

"那咱就去上清寺打些泉水去，那里的泉水清幽甘冽，没有污染，咱们清泉煮茗。"心一在书房里找了七八个塑料桶，我们开着车去清泉寺。汽车顺着林荫小道左拐右转，道路两边的白杨树高耸，与远处的终南山遥相呼应，此时虽是初冬，枝头的树叶飘零，与半个月前曾走过时的浓密林荫相比，稍显冷清。

"这个泉水还是法清发现的。"我有点诧异，原来法清也曾在此地久居，之后入住佛家庄。一路上心一盛赞法清的聪明和超强的动

心一在取山泉水

手能力，称赞本如与法清为"佛教不可多得的人才"。

我们到了泉边，只见一池清水缓缓流下，有几位村民正在泉水边打水，两位在泉水边洗手，冬日的泉水是温暖的，热气腾腾。

心一蹲于泉边，把随身携带的几个塑料桶挨个装满水。

泉水装上车，我们原路返回。

兴教寺庙门前在看到一位穿着灰色棉袍的僧人正在行脚——在庙门前不大的平台上一圈又一圈地走着。心一给我介绍这是兴教寺的方丈宽池，跟行脚僧打完招呼后，又向方丈介绍了我。我们打过招呼后，宽池大和尚粲然一笑，仍旧行脚，一圈又一圈。

宽池是今年春天升座兴教寺住持的，那个隆重的场面在陕西少有，全国各地的不少寺庙发来了贺信，不少高僧大德和寺庙送来了字画墨宝等以示祝贺。

之后，心一邀请我去方丈院帮他们把那些送来的字画给翻拍一下。这是一处位于兴教寺东院的单独院落，进入大门拾阶而上，右手一个亭子下，石桌石椅。中庭的门头上悬挂着三块牌匾，正中的为中国佛教协会会长传印法师题写的"正法久住"，右侧为兴善住持宽旭题写的"微正唯心"，左侧为常明题写的"法源就岭"。左侧几个花架，正中悬着一块小匾"观照"，为宽池所题写。侧面悬挂着几串红红的火晶柿子，宽池师傅招呼我们可以随便吃。

准备停当，几位工作人员抱来了好几摞装裱好的字画，这些都是宽池法师升座时的贺礼，一共拍摄了近百幅。

拍摄完之后，我们回到心一的居室里。

这是兴教寺西院二楼一处朝南的小屋，约七八个平方米，靠着南面窗户是一个大榻，榻的右侧是专门订做的小方格子，里面摆满了各式茶具，一格一个，摆放得整整齐齐，一看就知道主人是一个好茶之人；左侧是一个书架，各种书籍扎堆摆放着。正中一个小茶桌，上面放着一个茶壶和几盏茶杯。靠着窗户摆放着一个长条小桌子，上面摆放着毛笔，这是心一每日抄经习字之所。进门处一角摆

多年前心一和本如（前）合影

放的单人床，被褥整齐。中间不太宽敞的空间里摆放了一把椅子和桌子，墙上悬挂着本如法师的简笔画和常明、传印法师的题词，不大，却很精致。

这一简陋之处，却在心一的镜头里别具韵味，如一帘幽梦外，又似秋色入怀中，此景我曾在心一微信里看到过。

他邀我上坐，他说自己坐在边上泡茶方便。

落座之后，心一把刚刚从打回来的泉水倒入铁壶之中，开始烧水煮茶。

心一先是认真地整理了一下中式服装，然后左右挪动了一下身子，左脚搭上了右腿，他是双盘，我的功力尚欠，只能是单盘。

热茶上桌，茶香袅袅，弥漫在屋子里的阳光中。

问起心一走路身形飘逸和脚步轻盈，何故？

"那是盘腿的功劳。"心一告诫说："盘腿而坐，舌尖抵着上腭，坚持这样做可以打通任督二脉。"

我调整了一下坐姿，试着正襟危坐，舌尖上抵。

一本《空谷幽兰》打破了山里的宁静

美国学者比尔·波特曾在 1993 年来到终南山，写了一本《空谷幽兰》，至此揭开了终南隐士文化的神秘面纱。

波特写《空谷幽兰》的本意，就是描写那些在山林里面独自生活的人，而在翻译成中文的时候，汉语里有一个词对应的就是"隐士"。其实，波特是比较忠实原始状态的，但是在翻译过程当中，隐士一词比较接近，也便于让大众去接受和理解，毕竟中国人都觉得很高尚很神秘，而且提起这个词，每个人心目中都会有个形象和轮廓，这个轮廓具有一定的共性，更便于去传递思想。

一晃就是 20 年过去了，《空谷幽兰》也是一版再版，一路畅销。

"我一开始对这个人有偏见，甚至有意见，因为他的一本《空谷幽兰》打破了山里的宁静。"

"当然，这个事情我和波特也探讨了，波特说在国外翻译就是这样子。"心一说。波特 20 年后重访，也走了一些以前没去过的地方。

心一在手杖上刻的字

"《空谷幽兰》是老人的扛鼎之作！"虽然比尔·波特陆续写了《禅的行囊》《黄河之旅》《丝绸之路》，还写出了《金刚经注释》等著作，但在心一看来，这些都是《空谷幽兰》的延续，是对中国传统文化的另一种诠释。

2014年夏季，比尔·波特再次来到终南山，是四川峨眉电影制片厂买断《空谷幽兰》视频版后邀请他来的，是有酬劳的。很多人都想见他，但是比尔·波特说："我和人家（四川）有协议，我不能独自去见人，这是我与他们之间的约定。"老人很遵守承诺和条约。

心一全程陪同比尔·波特三天，这三天他近距离地观察了这位年逾七旬的老人。

　　时间过去了小半年，说起比尔·波特，心一仍感触颇多："波特是一个修行人，对中国文化的理解要比不少中国人都深。""波特是一个做事原则性很强的老头，值得尊敬！"

　　心一说，通过和老人几天的接触，备受感动。西方人这种较真和直白是咱们没有的，就像我和你谈话，这种很坦然、很直白的表达。现在很多人说话不这样了，说之前脑子先考虑"我说这合适不合适，这样说人家接受不接受，对我会不会造成啥影响"，等等。应了那句"话到嘴前留三分"。我看比尔·波特没有这些，想啥说啥，真正把自己的观点说出来，正确不正确不要紧，人家就能坦诚地说出来。

　　心一说，波特率真到啥地步了？正在说话呢，人咋不见了？一看，他跑到草丛里上厕所去了，而且蹲在那儿，还面带笑容地和你

心一在抄经

心一能写多种字体

开着玩笑。我就觉得西方人这种率真和小孩儿一样。

有一天傍晚，他正喝水，喝着喝着起来了，跑到山边，我还以为他是去看风景了，结果他是站在悬崖边上尿尿去了（从山顶往下尿），像个老顽童。

比尔·波特很坚持自己的原则，他到龙口茅棚的时候，对师傅说："我从美国来，我来看看茅棚。"刚好那师傅看过他的《空谷幽兰》，师傅就说"欢迎"，聊着聊着师傅热情且执意要给波特做饭，但是波特就很认真地说吃过了。心一模仿着比尔·波特的声音，慢腾腾地用普通话说："不好意思，我已经吃过饭了，不在不吃饭的时候吃饭，谢谢你的好意。"

波特手上拿了一个很普通很平常的木棍，这个棍子普通得不能再普通了，山上有个和尚看他拿的那个棍子很普通，很旧又细，就说送给他一个雕刻很好的一个鸡骨头木，还有龙头，要送给波特。

波特说:"对不起我不能要,它跟了我13年了,是老朋友,我不能丢下老朋友,你还是留着送给别人吧。"这是一个情结,一种友谊,就是一根普通的棍子,坐飞机都舍不得扔。我很遵从人家自己的决定。我从波特身上看到这个,就觉得很惭愧。

再一个,我们上山带压缩饼干,坐到那儿歇息时,我就把压缩饼干给他递过去,他说:"不好意思,我不饿,不吃。"对中国人来说,一个七十多岁的老人,长者先,老人不吃,我们也不好意思吃,我递了三次,都说不吃,人家说不吃就是不吃。

波特在山里吃得很简单,爱喝生啤,下山后一到太乙宫镇,就要了一扎生啤,七十多岁的老人举着生啤笑得和小孩儿一样开心,举着说:"这个好!这个好!"

20年前,比尔·波特在西安市东新街的夜市上吃了一顿烩麻食。"那是最好吃的一顿饭了。""那个烩麻食找不到了?"老人还一直惦记着当年的那顿烩麻食,此次来西安,带老人在西安转了一大圈没找到,也一直没有机会带着去吃正宗的陕西小吃。

临走时,比尔·波特虽然吃了一顿烩麻食,但是不正宗。心一遗憾地说:"没有了却老人的心愿。"

波特带着脚里面的 24 根钢钉行走终南

随后,心一发了一个长长的微信,详细记录了他陪同波特的情景[①]:

波特(美国学者比尔·波特)登山时穿一件黑色体恤,脖子上围一条很像红领巾的红布条,他说这个比较容易擦汗,肩膀上背了一个黄色朝山袋,上面绣着一个禅字,下

① 笔者在心一所发微信的原文基础上略作了修改。

面印有柏林禅寺万佛楼开光纪念字样，波特说是净慧法师送给他的。

他手上还拄着一个手杖，一根很不起眼、再普通不过的棍子，但是已经磨得很光亮，都有包浆了。波特说，这是一根榕树枝，很轻，1993 年在飞来峰采的，他拿到手上示意，很好用。后来嘉午台兴庆寺的住持昌志法师要送给波特一根终南山里的六道木所制的手杖。波特说，谢谢，我不要，他举起那根跟了他 21 年的榕树手杖说："这（个）是老朋友了。"波特身体有些硕大，他说他的太太每次做菜量都很多，太太说量太少不好把握调味，但她又不喜欢吃剩菜，波特说，不能浪费，他一定要把菜吃完。所以他就胖了。

波特的汉语讲得很流利，但讲话语速慢，有时要想一想。他与会讲英语的人在一起对话时会用英语，但如果他发现有其他人在，波特会调整用汉语交流。

波特今年 71 岁了，头发与胡子都白了，带上"红领巾"，背上朝山香袋，再拄着手杖，很像一个中式的"圣诞老人"。他笑起来很有喜感，总是淡淡的，几天来，没见他大笑过。无论在哪里，他总是平静的。走在山路上，他步履矫健，根本不像个七十多岁的老头，而且常常把我们年轻人丢在身后，只要停下来歇息，他都会拿出笔和纸修改稿子。他说他在翻译一本中国诗稿。

我问波特，平时他怎么修行。他说，打坐。他在翻译文句没有灵感的时候，就会去打坐，经过打坐，这些问题都会解决。

波特的左脚受过伤，现在还有 24 根钢钉在脚里面，走路还可以，就是不能跳。他说："一旦出发，走起来就不能停歇太久，否则就走不动了。"所以他走路时走得慢

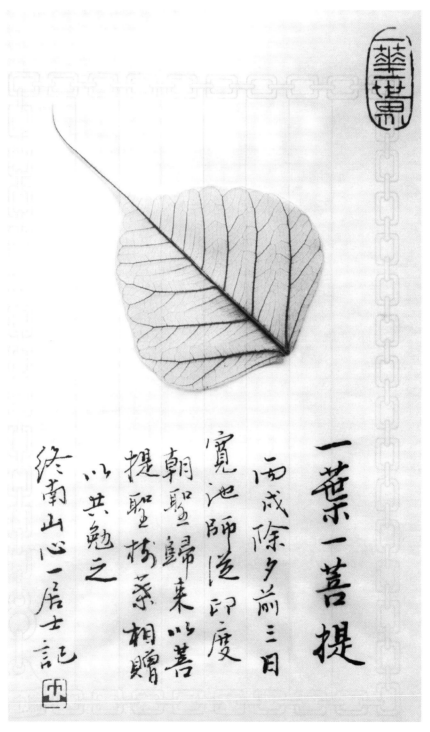

一葉一菩提

丙戌除夕前三日

宽池师远印度

朝聖歸来以菩

提聖樹葉相贈

以共勉之

终南山心一居士記

心一用兴善寺住持宽池从尼泊尔带回来的菩提叶做了一幅装饰画

却歇息得少。在溪水边我们坐下来休息时，波特用上山前在镇子上买来的不锈钢杯子接了一杯溪水浇到头上，表情喜悦地说"好爽"！这时，他根本不像个七十岁的老头，更像个小伙子。

终南山的嘉午台，波特说他1989年来过，当时山上住的是继承法师，《空谷幽兰》里面有记载。继承法师1995年圆寂了，灵塔就在山上。在昌志法师的带领下，我们拨开荒草找到继承法师塔，波特焚了三支香，跪在地上磕了三个头，嘴里念叨："继承法师，愿你早日成佛。"顿时一缕清烟飘向远方。

波特这次来终南山是应国内某媒体之邀，拍摄他在终南山寻访老朋友故地重游的纪录片的，计划去嘉午台寻访继承法师灵塔，再看看喇嘛洞、龙口茅蓬、观音洞等地方。在悬崖旁的观音洞，波特没能叫开洞门，据说里面有人闭关，波特说，寻人不遇，一切随缘。

没想到后来在下山时却遇到了龙口茅蓬隐居的一位老和尚。波特自我介绍后，老和尚很客气地请波特到他的茅蓬坐坐，老和尚说他看过《空谷幽兰》，说波特很了不起，一个外国人能关注隐修，很有善根。当得知波特还把《楞伽经》翻译成英文时，老和尚更是敬佩有加，他说佛经翻译功德无量，《楞伽经》义理深奥，可不容易翻译。老和尚热情地邀请波特在他的茅蓬吃午饭。波特说："我们已经和兴庆寺的法师说好了，要去兴庆寺吃饭。"波特谢绝了老和尚的好意。老和尚还是执意挽留波特吃午饭，波特说："刚刚吃过，现在没有胃口。"于是，辞别龙口茅蓬隐居的老和尚下山。

在过嘉午台龙脊岭时，波特如履平地从容走过，这里是嘉午台最险要的路段，石脊山梁不足半尺宽，两侧都是陡峭的悬崖，同行来的一位朋友根本就不敢过，在旁边看着我们一个个侧身走过，他很敬佩，尤其看到七十多岁的波特走过龙脊岭，不由得翘起大拇指。波特笑笑，依然保持着平静轻快的步伐。

波特还去南五台后山看望净土茅蓬的乘波法师。在净土茅蓬，偶遇在这里参访的西北大学佛教文化研究所所长李利安教授，他们还就《心经》《金刚经》进行了探讨。

波特说，他是一个翻译家，关于这些经典的注解，他也只能依靠前人的资料进行翻译。但是，波特对佛经的理解似乎更加生动，从他身上可以看出，佛法对他是有滋养的，他喜欢读佛经，尤其喜欢看禅宗的资料，他以西方人直白的思维方式去体解禅，似乎更容易简单化。

波特将终南山介绍给世界，他参访的脚步依然没有停下，有人说波特是终南山的守护神，波特却说这里是他的"家"。

下山后，我忙自己的事情去了。

后来波特离开了终南山，不打招呼地走了，亦如不打招呼地来。

难道苦、穷就是修行的标杆吗

"人到山里面住一阵子，对身体是大有好处的。都市人欲望强，这是个共孽，你在那个场里面，不得不受场的影响。"心一说。"咱都不是大师，没有足够的定力，做不到坐到钟楼下而不受世俗的影响。咱都是凡夫俗子，人人都那样，你接触的人，你看到的东西，你看到的广告，都在刺激你的消费。"城市的理念就是让你膨胀起来，就是让你享受高端大气上档次的生活等。到山里就不一样，一

心一和兴善寺的主持宽池（左一）在欣赏书画作品

切都很自然，你每天面对的都是花花草草、山山水水，自己内心的那些东西很容易就让山水照见了。

　　为什么选择来终南山修行？心一说："有一句话叫'不破本参不出山'，所以终南山呢，都是一些高僧大德们阶段性修行所选择的理想场所。中国人有终南山情结，为什么选终南山？终南山有得天独厚的优势。第一就是环境特别好，山大沟深，它不像其他的山脉有瘴气，你们也去了，感受到秋天很凉爽，夏天不太热，冬天也不

兴教寺里的几位出家人

太冷。所以在终南山上修道相对环境比较清静，比较好。第二，终
南山是历代出家人修行、修道的一个圣地，现代修行人借此沿袭着
古人的足迹精进。"

　　心一对隐士的说法有着不同的观点。对于"隐士热"，心一认
为，张剑峰是"推波助澜"的，引起了媒体的极大关注。从它的积
极意义上来讲，他给当代那些比较烦恼的都市人带来了一线希望、
一丝清风。"真实的世界里有一群人还这样活着，而且这样还能活
下去"。还有一群人这样活着，对都市人的眼界和生活状态都会有
另外的一种认知，起到了拓展作用，从某个层面上讲也是有积极意
义的。

　　还有，媒体报道的那个年薪百万的总经理刘景崇，放弃南方优
越的生活住在终南山里的。"说实话这些年可以在山上住的、住得
比较好的，就是他。"心一说。他也不一定在一个地方住，一会儿

住，一会儿走。"人是好人，很有住山的味道。"

心一说："有的人看着形象好，穿得烂、住得苦，你就以为是修行人，从佛学的角度来说，这是不是在修行？能不能把他们作为一个标杆？难道苦、穷就是修行吗？这都是一个值得思考和考量的问题。"

刚提到隐士这个称谓，心一认为，士代表一个组织的一个阶层，是一个士文化士阶层。中国古代，这层人有他们自己的生活特征和思维方式。当然，如果再分，所有的知识分子都可以称为士，士是界限、是身份。后来大家很宽泛地定义隐士，认为能住在山林当中隐居起来的人都可称为隐士，这是个很宽的看法，也不是很准确。心一说："在我看来，他们只是过着类似隐士的生活，首先隐士应该是有思想的，有独立的人格，有独立的精神和独立的思想境

兴教寺住持宽池在庙门前行脚

界。但为啥要隐呢？有很多原因，有内在的，也有外在的。内在也许就是因为性格所致，不愿意合群，就愿意独自生活，自己跟自己玩。外在的就是在政治上、生活上、思想上，理想得不到实现。"还有一种古代最早的隐士，不朝天子不与王侯，但是这些人出世之后就能平定天下，是能影响一方人物的人。

"可能我的思想比较传统一点，理解得比较深一点，我认为隐士应该这样的。你研读中国列传里的人物，都是满腹经纶，有自己独立人格和思考。为啥我说现在山里边碰到的人不能称为隐士，因为他们目的不是为了当隐士，他们是佛教和道教的一些修行者，这些人占了大部分。当然中间还有一些人，像刘景崇，像江文湛这些画画的人，现在都列到隐士的范畴了。"

对于隐士的理解与定义，心一说："有人把山里修行人称隐士，

大殿上空鸽舞翩翩，与房脊上的兽脊形成对比

不太严格。我觉得有的人连基本修行人都算不上。因为我接触时间长，我接触的方法是我把米面油送上去，都是带东西，感受不一样。这最能验明一个人，你空手去和带东西去，接待规格不一样，这个事情你是能观察来的，你感受不一样，你有身份去又不一样，他会把你界定到一个范畴去对待，像我去就是佛教协会副会长，又不一样。"

"有些人你说出来，人家信不信？譬如说，有人炒作的那个住观音洞的师傅，一百多岁了，信不信呢？但是对我来说，又不好说破，在庙里'是看破不说破'。"说完他哈哈一笑。

心一说，在佛教界，从来没有一个人把自己当隐士。对于大众来讲，在山里的修行人能远离红尘，住到山上，过着天然生活，而且条件很艰苦。从这个角度讲，大众很赞叹，赞叹的原因是他们做不到，心里很敬畏。但是我们毕竟是佛教徒，要对这些人要进行考量，当然这个需要很长期的过程。不是说去山里转一圈、住一晚就说明这个人在修行。

人的衰老和死亡都和身体的僵硬有关系

"没临帖的人写字，一看就是个野路子。"心一说，他依然坚持临帖，抄写《金刚经》。常明老和尚曾给他题词"抄经受持功德无量"，心一把此话装裱在自己的案头，日日激励自己，从不懈怠。

书法一定要从临帖开始。没有规矩，不成方圆。心一说："不临帖，你就没有章法，就没有规矩。所以对于学习书法的人来说，临帖很重要，必不可少，尤其是开始时，一定要认认真真临帖练帖。临帖到一定地步，可以创作了，就可以适当放开，平时我却比较喜欢不临帖的字，但是临帖对不临帖是个促进。你看着是在不临帖的情况下写，但是多少受到临帖的影响。"

兴教寺三藏院的佛像

    我们又转到养生的话题，心一的观点是：心态决定寿命。

    我记得几年前，在西安八仙宫见过张至顺道长，当年他 92 岁，现在应该过百岁了。当时看到他身体柔软，还可以劈腿、弯腰，令我很是诧异。

    心一说："你说的这个是非常重要的，长寿的人都很柔软，身体好的人都很柔软，你看那婴儿，小孩胳膊腿都软得很。人的衰老和死亡都是和身体的僵硬有关系，但是僵硬又和思想有关，跟你的心有关系。所以很多长寿的人，除了生活有规律，良好的心态是关键。有些人不懂得佛教，也不懂得道教，也不是修行人，却能活到九十多岁，唯一一点值得咱们去感受的就是心态好，啥事情都能想得开，看得开。"

    我记得心一前几天发了一条微信，说一个寺庙要办一个辟谷班，于是问心一，现在很多寺庙搞辟谷课短期班，到底哪家比较实在？"我没了解的不敢说。"心一边品茗边开启话题："归元寺是一个村子的庙，是个小庙，在王寺街道办事处。庙里的师傅有想法、有意识，虽然庙小，条件简陋，但是他一直在推广着传统文化，其实寺庙做传统文化是一种退步。"

"从严格意义上来讲，佛教的寺庙应该是一个高端的学校，是个大学，而且佛法不是一般人所能学的。我在佛门当中待了十几年，有深切的体会，这确实不是一般人能学的，要深入到佛教的核心思想，你不具备一定的哲学基础，很难切入。其实，佛法是个非常高深的东西，它直面当下的生命，这个问题是佛教的核心，就是

隐修者在辟谷期间可以吃松针，松针还可以泡茶喝

你的生命是啥？世界是啥？首先要认清，认清了才有机会去改变，但是一般人一接触到这就觉得很难，所以会设立很多的次第，编排很多方便的说法，很多说法是圆满，都是为了方便让人了解。"

"'天下没有免费的午餐'，天下没有免费吃的东西，你在做这个事情之前，这个高风险你是清楚的，你现在唯一要做的就是要承担这个风险和责任。"心一说："为啥归元寺现在要做这个东西？它不得不把要求和标准降低，先从做人做事方面切入，要不然门庭太高，没法普及。比如说刚才那个朋友，搞担保公司出事了，现在资金回笼不了，把钱压着，有烦恼了就想求神拜佛到庙里去消灾，企图化解。但如果是上乘根系的人，就知道这是个自然规律，高投资高风险，这是必然。"

不还：叩梦终南参研唯识

不还，本名高洺，"她走在大街上，阳光照亮一条街。"著名作家张敏这样形容她，张敏的作品《黑色无字碑》的主人公就是她。不还有自己的微信，签名叫"在山那畔"。皈依佛门十多年来，不还一直从事着佛教唯识论的学习研究，2011年出版了25万字的《叩梦》，用佛教唯识论解析梦境……

《叩梦》用佛教唯识论解析梦境

为什么会取名"不还"，她告诉我是取"不生不死、知生知死"之意，"'不还'是三果罗汉，它的意思就叫'不还果'，不还就是不回来，就是说修行只有修行到三果罗汉这个层次，你才能真正地跳出三界外，不在五行中。初果罗汉和二果罗汉还跳不出三界，我为自己取名就是为了让自己跳出三界外，至少要跳出6道轮回，所以我为自己取名'不还'。"她这样说："我的第一个目标是跳出三界外，不在五行中；第二个目标是修成菩萨；第三个目标才是修成佛。修行的每一个阶层都有它的标准，比如说初果罗汉，他的标准就是不能有任何贪心，对钱财肯定不再贪；三果罗汉就是已经跳出三界外，不在五行中了，自己能够把握住生死了。"

不还1949年7月7日出生于河南郸城洺河畔。陕西省作家协

不还在茅棚里看书

不还在山里的邻居

会会员，她自谦地说，与其说不还是一位作家，还不如说她是一位
"坐家"。

　　从 2007 年起，不还放下一切人间俗情与经济营生，选择独居
于终南山子午峪，一个人静思参禅，每日的功课就是打坐、研经，
研经、打坐，以修习大圆满法中的睡梦瑜伽为主。

皈依佛门十多年来，不还一直从事着佛教唯识论的学习研究。2011 年出版了 25 万字的《叩梦》，用佛教唯识论解析梦境。在书中，不还通过自己多年的研究与实际修证，对梦境进行了别开生面的诠释，令人耳目一新。

著名作家高建群曾写《异之花》说："她的《叩梦》多了些玄学的成分。书上有张照片，是她先生照的。我有一幅画，就是看着这照片画的。照片上的高洺，比我画上的高洺还要年轻和漂亮一些，妖魅一些。这时候的高洺已经 62 岁了，面白如雪，面红如酡，其神情举止，像个小姑娘似的，叫人见了觉得异样。觉得造物主造万物，总造出一些奇异之人、奇异之事。"

前几日，老朋友小蔡给我介绍了一位新朋友老姚，老姚想做一本关于禅意画画评的书，我们虽未谋面，却是相互敬佩有加，在网上的交流也是"相谈甚欢"。他知道我在做关于终南隐士文化的专题，向我推荐了不还的故事，还热心地找来了电话。

一次无意中翻阅微信里收藏的文章，没想到半年前我就在朋友圈里收藏了一篇写不还的文章，当时看了觉得写得不错，就收藏了，没想到写的就是不还。

不还在一篇文章里说："未学佛前，我以为佛是无情的，以为出家人要绝情寡欲，五蕴皆空，了却一切情缘。及至学佛后，才恍然大悟，佛是深情的，他把情感给了众生，把悲伤留给了自己。"

皈依并非全部缘于丧子之痛

与不还约会有点阴差阳错，我们的缘分也是几经波折。我本来计划去她隐居清修的山上去拜访，由于电话信号不好，我们发的信息也是断断续续。她发短信告知我："下周四下山去见上师。"我粗心地以为就是本周四，就想着她要下山了。没想到过了几天看到她还在山上，仔细一看是我看差了。

2014 年 2 月 14 日，我们相约在西安见面。

初见不还，只见她步态轻盈，给人的感觉完全不像一个出生于 1949 年的女人。

见到不还时，她一身黑色的粗布对襟长衫，衣服上点缀着刺绣的淡雅小花，身上斜挎着一个黄色的牛皮小包，手里提着一个塑料袋子，塑料袋子里装着一本书，那是她写的《叩梦》，我请她带给我的。

不还的胸前戴着两串佛珠，其中一串为绿松石的，一串为紫檀木。梳了一个藏式小辫，问及原因，原来她以前在青海藏区生活了多年。

我们找了一个茶馆，说是茶馆，其实是棋牌室，不少人约着在此打麻将，而我们就是想找个清静的地方喝茶、聊聊天。

不还取下围巾，面色红润，看得出来，她的脸上涂了淡粉。

冬天气候干燥，我们在楼道下的一处狭小的茶室点了一壶菊花茶，服务员端来茶壶、茶杯和冰糖，为了省事，服务员一下子提来了两暖水瓶开水放置在一边。我也怕她打断我们的谈话，就说："你不用招呼了，我们自己来。"

"城里的水不好，山上的泉水好。下次咱们上山喝茶吧，普洱、大红袍、铁观音都有。"不还邀我去她的茅棚去喝茶。

在喝茶过程中，不时有打麻将的吵闹声传入耳际。

她平时幽居山中，我竟有些担心她不适应，于是问她："山里哪个季节最美？"她答："山里一年四季均有不同的景色，四季各有自己独特的美，是不一样的美。冬至前后一直到小寒、大寒，就是山里最冷的时候。今年最冷的那段日子，我要到云南大理去，去'打七'。出去二十多天就回来了，不喜欢在外面待太久，回来了还回到山上，在山上住习惯了，下山反而不习惯。"

提到"打七"，我很好奇："这次去云南打七是一个人去吗？"

她认真作答："我把男友老张带上了。这次去云南，就是想当面学习首愚法师的准提法。我们是两个人去，去打七（佛教用语），去专修，是由上师带领着去专修，有什么问题可以当面请教，及时得到解决（上师当面指点）。老张今年七十多岁，我住山七八年了，老张很少上来，我希望他也能和我一样去修行。"

话匣子打开，我索性又问起她的皈依原由："据说金庸学佛是因为大儿子在美国哥伦比亚大学自杀的缘故，你的修行是不是也和儿子的不幸有关？"她顿了顿，答复我："我的皈依是和儿子的出事有关系，但也不全是因为此事。我们是独子家庭，1994年当兵的儿子出了车祸，等我赶到抢救室时，儿子的战友捧出了他的衣服和皮鞋（这画面在我梦里曾经出现过的），我脑子一下子就懵了。孩子的事让我看清了生命的本质，丧子之痛才得以平息，而孩子的父亲到现在都没有从丧子之痛中解脱出来，一直生活在阴影里。"

不还的茅棚旁，老乡养的鹅

不还的微信："这是我心疼他的方式"

我曾在网上搜索了"不还"的资料，知道她写了一本《叩梦》的书，随后给她发去了信息，之后我们相互加了微信，她的微信签名"在山那畔"。

翻阅不还发出的微信内容，看到一篇：

2014 年 11 月 22 日星期六

原来我自己搭建的金银花架子倒了，周一老张上来，又重新搭起，比我原来的那个更好。老张搭好架子，又帮我翻了菜园的地，周三下山了。看着他下山的背影，心中怅怅的。他已经七十七了，人生还能走多久？我总想拉着他一起修行，一起了脱生死，但他这个人，就是没有恒心。他爱吃，爱喝，爱玩，做每件事都坚持不了多久，就连我给他教的每天早上的健身运动，他都做不了几天就放弃了。但他是个好人，不光是对我好，对所有的人都好。下月我一定要拉着他和我一同去参加一个共修法会，让他受受修行生活的感染，这是我心疼他的方式。

昨天多多和他的朋友们一起上山来玩，我们坐在火墙边喝茶、聊天。茶喝多了，晚上的法座修下来，已入子时，人却不困，本想看会儿书，但白天剁柴时，一段柴火反弹过来，伤了眼睛，流泪酸痛，无法阅读。此时却诗兴又起，得词一首：

望江南·夜独坐

夜独坐，

咒咏生辉时。

梁君止语秋虫驻，

火墙是山里冬季最好的取暖方式，不还在生火烧火墙

云过松间绕半枝，

恐惊坐中机。

如如去，

暖乐我自知。

长安连日霾如许，

终南深处月如饴。

忍唱去来辞。

只可惜啊，陶渊明的归去来辞，对着老张唱，是一点作用都没有，他就是放不下世俗吃喝玩乐的生活。

"我结婚一次，离婚一次。"有过一次婚姻，之后再也没有领那个证。离婚之后与第一任男友生活了八年，后来因为思想产生分歧，分手了；再之后与老张一起生活了，已经二十多年了。老张现在七十多岁了，喜欢热闹，喜欢打麻将。"老张的孩子曾催促我们领个结婚证，我觉得那样麻烦，也容易让晚辈多心。"

从微信上可以看出不还的动态和信息，下山为了节约时间和体力，她一般选择坐一段蹦蹦车，又看到不还 12 月 11 日的微信里有这样的内容："今晚下山，坐着这个专车也很爽哦，准备两天，然后去云南参加准提七。"我从图片上看到她坐的是一个四面透风的"蹦蹦车"（农用三轮车），这个时节，西安已经到结冰的时节，坐在蹦蹦车里应该是寒风刺骨，而不还的感觉却是"也很爽哦"。

看来坐什么车不重要，重要的是坐车人的心境。也许是她此行去云南大理去修准提法，要向首愚法师当面请教，此行的心境可想而知，内心充沛，心有希望。

一年多的监狱生活后真正成熟起来

我得知"不还"的一些故事，于是毫无顾忌地问她哪一年加入陕西作协的？她笑笑答："也没多长时间，早些年自己不愿意加入，后来觉得无所谓就加入了。"后来我询问得知，不还加入作协应该是在上世纪 90 年代初。

不放曾有"住监"经历，我也看过她当年写的纪实文学《我住女监一年半》，我非常好奇书中是原版的真实记录，还是有所虚构？她也坦言，上世纪 90 年代出版的报告文学《我住女监一年半》，故事没有虚构，基本都是原版再现了女子监狱里的生活，只不过书里面的人物用的都是化名。

"当年跳贴面舞是一个什么样的情况？判刑入狱一年半这种经历对你来说是不是真实地体验了一次生活？"我问。

她也直言作答："我在自己微信里已经反驳过了，当年我被抓

顿荣师傅做的野菜饼

是因为策划的一场画展，被当成政治犯关押的，而不是因为跳黑灯舞。我住进女监几个月，就有工作组来进行调查，开始甄别错误，每天都有人来监狱考察，贾平凹也代表作协来考察过，看是否有冤假错案，是否虐待犯人等。后来，女监排练节目，跳舞唱歌，让我们出去参加文艺汇演。那会儿，我也参加排练，因为排练节目后就可以走出监狱，看看外面的世界了。当时女监还在外面聘请了导演，排练话剧等，获得了一个二等奖，获奖后我们都减刑了，给每人都减刑三个月。"

"监狱生活对你的人生有影响吗？"

"监狱生活对我的影响可以说非常大，但都是正面影响。监狱使我的人生真正成熟起来，可以说就是从那个时候，从监狱出来后，自己变得对他人更有慈悲心，心胸更宽广了，更能容忍一切事情，更加成熟了。以前对自己的遭遇总是愤愤不平，从那以后，似乎对自己的遭遇都无所谓了，反而老是同情别人。"

不还门前有石桌石凳，天热时可坐在此处纳凉

高建群说她能灵魂离体叩访大家

说话间，不还把带来的塑料袋摊在桌子上，拿出带给我的书《叩梦》，我请她签名，她在扉页上签下了："未有神仙不读书陈团结先生惠存。"落款为不还。

翻开书，《叩梦》一书的扉页上写道："在生与死之间，有一个神秘的国度——梦境，我们几乎每天都要到这个国度去旅行一遭，但仍然对它一无所知，真正读懂了梦，你就走上了通往觉悟之路的捷径。"我知道不还在修习着大圆满法中的睡梦瑜伽，谈及这本书，她告诉我因为平时她会把自己经历的事情和修行后的新认识写成日记，准备了好几年，积攒了很多内容，所以写这本书时资料很多。真正动手写作，用了半年时间，"以前我对生命不了解，做了很多奇奇怪怪的梦，后来为了解谜，我深入到佛教，接触到佛教的'唯识论'。我的书就是从自己的经历和做的梦出发，对佛教的唯识论做了一个科普介绍，用唯识论来解读梦境。其实，《叩梦》和《周公解梦》与弗洛伊德的《梦的解析》之类的书不一样，《叩梦》不是解梦，而是讲生命的本源。"不还说。

提到修行日记，我以为她还有再出书的打算，她却说暂时没有，但是会坚持写修行日记。她说："广西师范大学出版社的编辑曾想让我把日记整理成《修行日记》，再出一本书。我自己觉得时机还不成熟，等修行再上了一个层次，有了一定感悟之后再说。如果将来有机会再出书，我会写自己具体修行的过程，从一个凡夫怎么样一步一步地修行，身体、心理方面发生的变化、转变等等，这些都需要一步一步、不断地克服自己，心清净了，开悟了，才能成功。"

对于她的种种传说，我提到著名作家高建群曾为她写了篇文章《异之花》，文中说她返老还童了，给大家说"已经修炼到第三层了"，第三层是"灵魂出窍"，就是晚上她在家里打坐，想哪位了，身体还在家里，灵魂会离体，飞来叩访大家。"这个是真的吗?"我问。

"没有那么玄的，高建群写我的很多东西不真实，他写的返老还童，其实是说我比刚入山的时候年轻了很多。"

83 岁的父亲患肺癌，没做手术活到了 101 岁

谈到在山上修行，她告诉我刚住在山上，没有人来指点修行，不过现在的资讯都很方便，每个宗派都有自己的网站，遇到问题了随时可以从网站上查找而获得帮助。"山上有电脑，手机从 2009 年开始有信号，后来电脑也可以上网了。"她说。

她刚去山里还没有电，吃水要去附近去挑泉水。后来，她去

子午镇供电所申请通电，也顺便给附近没有通电的几户村民拉上电了，电费跟村民一样，有时她就给村民们一起交了，"也没多少钱。"她说，后来，她又拉了一根水管，将泉水引到了自己的院子里，才方便了很多。

她喜欢住在山上，说是清净，更利于修行。"老张有时也上山帮忙干活，这次去大理是我们一起去的，我希望带他一起修行。人生在于修行，修行在于领悟。不是所有的经历都是修行，吃一堑，就要长一智。修行，在于经验的积累，灵魂的上升，境界的突破。人在哪里，修行的道场就在哪里。生活给予我们的启示随处可见，但不是每一颗心都能感觉到。"

她在山上，除了修行之外，也没有其他诸如琴棋书画之类的爱好，每天除了吃饭、睡觉，就是专心打坐，每天都打坐，相当于做日课。一般打坐一次两小时左右，上午、晚上各一次，是必须做的。

她说，夏天经常去户外的山石上打坐，那是一处幽静所在，旁边有一个瀑布，只不过水边蚊子多，她在石头上搭了个架子，挂个蚊帐，坐在里面打坐，外面泉水叮咚，凉风习习。

她冬天每天早晨七点左右起床，洗漱完毕，吃完早饭就开始打坐，一般到十二点左右。午休后，下午诵经，砍柴，做些适当的运动或者体力活；晚饭也很简单，有时基本不吃。晚上在院子里稍微活动活动，然后开始读书一两个小时，再打坐到午夜十二时左右睡觉。

"我什么书都看，哲学的、医学的、诗歌的，比较杂。"不还喜欢读书，喜欢写诗歌。

爱写诗，这是受到她父亲的影响。"父亲是读书人，解放前参军的，后来在部队里一直做政治思想工作，离休前是副军级。我小的时候，父亲下班后常带我去农家散步，一边散步一边吟唱古诗，大多是古人的，有时也有他自己写的，我从小就受他影响，也喜欢

不还在山里的邻居只有几户人

写诗。"

她父亲现在 101 岁，母亲 90 岁，父亲在住院，平时也请了护工照料。父亲曾在 83 岁时检查出来得了肺癌，全由她的小妹照顾，"我们得知父亲得肺癌的消息后都很着急，有些六神无主。但是我小妹不主张做手术，因为小妹是学医的，我们就尊重了她的决定。现在看来幸亏当时没有手术，才得以老人还健在，101 岁了。"

提到亲人，我问她家人是否会经常去山里探望？她告诉我，她的小妹会经常上山，其他人不太上来。有时小妹会周末上山，带着她的一群朋友玩一玩，做一大堆菜。"我先生（老张）偶尔上去帮我干些杂活，他喜欢热闹，受不了山里的清静。"她说。

不还平时吃饭并无太严谨的忌口，主要吃素，"不馋肉，也不爱吃肉，但是也没有绝对的忌口。"她说自己吃饭随缘，不刻意，不给别人添麻烦，别人端上来了肉菜，就吃肉边儿的菜，不添麻烦。"有肉了就经常给隔壁的小老陈端过去。"

终南山成为西安人理想的周末休闲之地

不还说，她一般一个月下山一次，在西安的家里待上两三天，准备些生活所需。春节回家时会多待几天，因为有老人，一般过完十五才上山。

学佛是为了解决最根本的痛苦

不还从 2007 年就开始住山，"住在山里也习惯，因为我们这一代人都经历过上山下乡，能适应环境。现在住山九年了，身体是越来越好了。刚刚上山的那一年，身体不太好，脸色有点浮肿，肝肾功能也不太好，现在很好了，你看看多棒！"说着，不还抬起胳膊，做了一下示意。她说自己居住的地方有三间房子向阳，冬天还是比较暖和的。

"住在山上的开支大吗？平时接受别人的供养吗？"我问。"在山上每月花费很少，菜自己种，粮食是背上去的，柴火自己砍，偶尔用电饭煲，一年下来电费不超过 500 元。"她告诉我，自己以前也做过生意，开过饭馆，还与老张在小寨一起开了一个照"大头贴"的生意，当时很火爆也很挣钱，还有点积蓄。

上山后，基本上没有接受过别人的供养，但也有少数人去的时候背着粮食或一些零食。"人家都背上来了，就只能留下，总不能让人家再背下山去吧。"

不还说，去年张剑峰还特地给她送了一套棉袍。

不还于 1994 年在西安市南郊的兴教寺皈依佛教，后又在终南山中皈依了正在东沟闭关的密宗金刚乘实证大成就者秋英多杰上师。2008 年，再次皈依大圆满法成就者江嘎仁波切活佛。"一般人皈依一次就好了，你为何要多次皈依？"不还告诉我："密宗的皈依是跟哪个师傅学就要皈依哪个师傅，这是一种宗派的规矩，皈依某个师傅，就要供养那个师傅，传一次法就得供养一次。具体倒没有

不还在子午峪的茅棚住了 9 年

多少数字，一个心意就成。"

　　不还说有一次她在皈依时，发现自己慌忙中忘了带钱，不容多想，就把自己的结婚戒指卸下来要给师傅，师傅不要。在她的坚持下，师傅收了说，只有天女才供养首饰。

　　她说自己都修行九年了，还是没有真正让心清净下来。修行就是为了甩开自己的第六意识，让自己达到第八意识状态，把握住生命的本体。

　　空灵，安静，这才是生命的本质状态。生命永恒了之后就不会痛苦了，因为死亡才是人的根本痛苦。我问她对别人的修行有啥建

终南山是修行者的天堂，也是动物的乐园

议吗？她说："现在有心修行的人很多，但很多人修行的方法很盲
目。有的人学佛也学了很久，但修神仙道的人都是必须读书的，不
读书，连神仙道都修不成。很多人信佛，却不知道自己为啥要修
行。学佛的目的是追求快乐，人的根本痛苦就是死亡，而信佛是为
了永恒的快乐，追求快乐。学佛不是为了健康，也不是为了长寿，
而是为了解决最根本的痛苦，解决生死问题。"

她说，苦修是一种方法，不是目的。修苦行的目的是针对自己
太贪心的习气才去修的，不贪就不需要修苦行。"我不赞成那么地
苦行，我认为修行是不能太苦行的，太苦的话，会增加很多修行的
业障，会因为处理生活问题花费很多时间。我读过张剑峰主编的
《问道》，那里面说一个道姑苦修受不了，一个人躲着哭。我觉得如

果你选择了苦行，你就没什么可哭的，因为苦修也是修行的一种方法，通过苦修才要达到快乐的境界，如果毫无快乐可言，还为什么去修行。还有，我觉得像书中写的那个苦行的人，她是不太懂得修行的方法。很多道教的书籍里面也写道，修行的人不能过于劳累，过于劳累和苦对身体不利，不利于修行。比如王阳明也是不主张苦行，释迦摩尼苦行了六年也就终止了。"

她认为，修行要明明白白地修行，不能稀里糊涂地修。有的人为了健康，有的人为了长寿，有的人为了好玩儿。有些人恨心很重，贪心也很重，这样的话，一辈子也修不成。"物质总是要灭的，只有把握住了精神本体，才是永恒。"不还说。

放弃父亲遗产，她的"声明"文采飞扬

2015年1月26日，那天的雾霾大约是整个冬天最严重的，天气预报一直说要下雪，雾霾达到了重度污染，真有点目不及百米的感觉。早上忙完了一些事情，联系不还，想去她的山里看看，一打电话，她在返回山里的路上。她说："信号不好，短信吧。"

我们相约在终南山子午峪的金仙观见，吃完午饭，我开着捷达又一次进山。一个半小时，抵达金仙观，把车停放在新修的水泥停车场上，背起行囊顺着土坡路面慢慢前行，约莫走了10分钟，看到有一辆车开了上去，知道此路尚能开车，便返回又开车前行，开到没路处，是一家养鸡场，一个貌似农家的院子里，散养了几百只鸡。

看到有陌生的人来，屋子里走出一位女主人，我便问道："高洛住在什么地方？"

女主人热情地说："那你们走错啦，她在那边的山沟里。"

我弄明白了，她住的地方是从金仙观的景区进去一直走，约莫

半个小时的路程。我便返回，那个山沟只能步行，便再次停好车前行。

一路走走停停，还是有点冒汗，沿路有一条架设的电线，我猜测这应该就是不还给山上拉的电线。

一路上山路崎岖，旁边有潺潺水流做伴。

不一会儿，远远看到了几间茅屋，看着地形，我想着这应该就是不还的山居之地。及近房屋，一棵高大的榆树矗立在屋前，树下是三块磨盘，错落有致地摆放在一起，这是一个四间瓦房，房檐下用毛笔题写着几句环保口号："保护青山绿水，我的塑料垃圾我带走。"

屋门口立着一块牌子上书："售书"。下面还附着《叩梦》的内容提要，牌子下边放着一本书《叩梦》，旁边的门板上贴着门神秦琼，已经旧得发白。

我喊了几声："不还……"

不还应声从里面走出，一件夹克外罩与裤子，显得有些不伦不类。她笑着说："刚上山，正在烧火墙呢。"

不还招呼着我进屋里坐。此时隔壁一个小老头，穿着一件环卫服，我猜测这是小老陈，因为不还说过他的故事，跟着曾当过人贩子的哥哥和嫂子逃到了山里，一辈子未婚，如今哥哥嫂子已经归西，只留小老陈一个人黑人黑户。小老陈耳朵不好，我就大声喊："小老陈……"。他嘿嘿一笑，算是应答，然后拿着工具下山去，他如今常年在金仙观打扫卫生，每月有几百元的收入。

随着不还走进里屋，揭开门帘，一股热气扑面而来，我想着这是火墙的作用。"火墙还没热呢，烧热了屋子里的温度能到十七八度呢，有时坐着看书都出汗。"

不还说，这个火墙是一个东北老乡教她做的，我看到这是在屋子中间砌了一个厚约半米，高约2米的砖墙，外面与屋子内墙一样，涂成了白色。

灵秀终南

落座，不还拿出金骏眉。

我们一边品茶，一边聊天。

不还说她的老父亲不在了，102岁。大妹子一直照顾着父母，为了两套房子的遗产，三姐妹有点不愉快。她下山亲自去处理了。

"我主动放弃了继承，两个妹子一人一套，给她们写了字据，一人一份。"说着不还拿出那份留存的字据草稿，我看还颇具文采：

> 出世修行之人，四大皆空，万缘放下；财色名食等世
> 间执著，亦无挂碍。亲情友谊等凡俗，均应升华。老父已

逝，老母健在，两妹辛勤劳苦，侍奉多年；故，洺自愿放弃所谓人世之"遗产继承权"，挨老母百年之后，家中所有动、不动产，皆由两妹继承。

父母恩重，姐妹情深，荡荡乾坤之中，终能聚为一家之亲人，实属多生累世缘分！故，洺不愿为些许钱财小事而与家人诉诸公堂，使外人耻笑。今自愿放弃"财产之继承权"，内心十分欢喜，并无半点勉强。

洺虽未正式剃度，然已入佛门二十多年，于终南山独居亦近八年，依然是实际上的出家人矣！如尚不能看破放下，岂不是白白荒废了时日？只是，老母年高体弱，百病缠身，洺拙手笨脚，不擅家政，如亲奉在床，必不能使老母满意，故还需两位妹妹继续能者多劳，代姐尽孝。

二妹务实，姐姐务虚；二妹侍奉父母于生前，洺超度父母于百年之后。莲池大师《七笔句》歌中曾曰："亲得离尘垢，子道方成就。嗯，出世大因由，凡情怎抛，孝子贤孙，好向真究竟。意思是说，对于出家人来说，将父母超度出六度轮回之苦海，才是修行，因此真正的孝子贤孙，就要好好的修行无为真空之道，故，洺所务之虚，其实终不虚也。洺定当加倍努力精进，信"一人得道，鸡犬升天"之日定会早日到来。

空口无凭，特立此白纸黑字。

趁着不还吃午饭的空隙，我去附近的另一户农家转了转。这也是此地唯一的两户邻居，姓张，老两口，养了3只鹅、一条狗，还有若干只鸡。

几间破房子，听说又要来两个修行人来住了。已经办好了手续，看来此地人气越来越旺了。

下 篇

感悟：悠然见南山

他们是隐士，却是凡人，又似智者；他们言语朴实，却又似藏玄机……

觉山: 晚年皈依应机缘

"团结，我明天要去净业寺皈依，有空没，一起去。"晚上 11 点多，范炳南先生打来电话，开门见山。范炳南告诉我，他要去皈依在净业寺本如法师的门下，电话里我知道和他一起皈依的还有 72 岁的画家张杲、企业家齐燕等人。有几个年龄在七旬左右的老人要皈依，这是什么心态？他们要皈依在 40 多岁的本如门下，为什么？一系列疑问促使我上山探寻。

大雪之后坐"空军一号"上山

第二天一早，赶到约好的地点，7 点准时在群贤庄门前集合。

范炳南把自己收藏的明清时期金银手抄本藏传佛教经书——有些地方已经残破，用锦帛包裹好，小心翼翼地抱上了汽车，这是他给净业寺准备的礼物。"这是一本难得的经书，应该珍藏在净业寺内。"

2014 年 3 月 19 日，初春的终南山，万物复苏，清风盈面。同行的还有炳南老兄的知音亚红、服装设计师曼卿等，我们在山下的沣峪口村吃了油条、豆浆、胡辣汤等早点后开始进山。

我一直好奇这些大龄老人是如何爬上了净业寺的，尤其是大雪之后。

范炳南近照

"坐'空军一号'上。"说完，范炳南哈哈大笑。

一行及至净业寺山下，才晓得所谓的"空军一号"就是给山上运送建筑材料的轨道车，简单而粗糙，一个钢座子上插了四根钢管。同行的几个年轻人看了粗糙的"空军一号"和陡峭的轨道，不敢坐，他们选择爬山上去。

我们一行 10 人挤在了"空军一号"上，施工的师傅说："放心吧！我们平时一次拉三四吨的货物呢，钢丝绳也是 3 个月一换。"随着对讲机的呼喊声，"空军一号"徐徐启动，负责运送我们的师傅站在缆车的车头，不时地提醒我们注意安全，或者要低头，或者要收腿。山愈来愈高，轨道也愈来愈峭，几近 60°，吓得我头都不敢回。

到了山上，一身粗布百家衣的本如法师笑呵呵地迎了上来，挽着范炳南的手，边走边聊。到了净业寺的小广场，适逢几位工人正在悬挂一个木制牌匾，上书"南山画苑"四个大字，笔力遒劲而诡异，仔细一瞧落款为"老陕"，老陕也就是炳南先生的大号。本如和范炳南站在牌匾前，手挽着手，两人一起仔细端详。

看完之后，两人进入茶室，招呼着落座用茶。此时已经先期上山的张杲，还有专程从昆明赶过来的禅师等人纷纷起身相让，大家落座后彼此寒暄。

仪式开始前，本如法师按照提前取好的法名，给每个人发了皈依证。范炳南，法名觉山；张杲，法名觉行……

皈依的仪式是在大殿里进行的，按照佛教礼仪进行，前来的还有藏传佛教的活佛见证，仪式更是显得奢华而隆重。身着袈裟的本如法师一脸的严肃静穆，与平时开朗健谈、随和的形象判若两人。

每个人在佛前许愿，诵读了《婆罗多蜜经》。

整个仪式大约持续了 40 分钟。

仪式结束后，来宾在佛堂门前的台阶上合影留念，有几位迟到的来宾，刚好跟上拍合影照。

合影后，本如法师通知来宾在客堂用斋饭——素斋。

在本如快步的带领下，大家上了台阶右拐，过一个小桥，便抵

121

雨后的塔云山云雾缭绕，犹如仙境

达斋堂。面对面摆放着的四排桌椅，男女来宾约有百十号人，分区域落座，每个人的面前摆放着一双筷子和两只青瓷大碗。

本如法师端坐斋堂之上，给大家开讲吃饭的规矩。说真的，大家谁不是吃了几十年的饭了，难道不懂得如何吃饭吗？

出家人讲究"食不语"，吃饭时不要说话，打饭时也有手势可以明确地告诉盛饭人你的需求，碗筷摆放在桌子边，与桌沿齐。

"龙含口，凤点头，饭来食"，本如法师一边说着，一边示范，他用左手的食指与拇指，掐住碗底和碗的上沿，右手拿着筷子上端四分之一处，然后端碗。

本如法师在讲述吃饭时碗筷的握法、放法以及吃饭的讲究时。大家一边听一边拿着放在自己面前的碗筷实践着。说真的，在座的不少人，也许是第一次认真地听取了这个看似简单的吃饭方法和规矩。

过了一会儿，几位志愿者端来菜和米饭，有豆角、豆腐以及粉条等，挨个给大家盛饭。偌大的饭堂里鸦雀无声，只能听见碗筷的碰击之声。

饭后，西安市一个武术学校的学生和西安的民间武术高手要在铺着红地毯的小广场上纷纷一展绝技，本如、范炳南、张杲等来宾坐在"南山画苑"的牌匾下。

小伙子们南拳北腿挨个出场，加上几位中年练家子的精彩表演，不时博得大家的阵阵掌声。

武术表演快要结束时，性情所至，本如法师也登台打了一套"通臂拳"，博得大家的阵阵喝彩声，而本如却一抱拳，乐呵呵的说："见笑了，见笑了！"

有些来宾在禅堂早已准备好的书案上留下了墨宝。

有来宾告辞，本如把来宾一位一位或者一批一批地送别，直至净业寺的山门。有的来宾要在山门口律宗祖庭的石碑前合影留念，本如法师欣然应允，含笑一一合影。

众人劝本如法师留步，本如坚持一直送到净业寺山门外的千年古树下，双手合十，与众居士道别。

为保护西安鼓乐而东奔西走

觉山，俗名范炳南，自称东仓布衣，笔名老陕，毕业于西安美术学院，曾拜山水画大师赵望云为师，后拜师何海霞。1989年定居美国洛杉矶，1990年创办美国陕西同乡会，任会长。曾任美国中华工商会理事、美国兰亭笔会会长、北美书画研究院院长。现为陕西省文史馆馆员、陕西省历史博物馆名誉馆员，职业画家和古玩鉴赏家。

我与范炳南结缘于西安鼓乐。那是2004年前后，一批有识之士为了抢救、保护西安鼓乐而东奔西走，范炳南无疑是其中最为执著的一位。我作为媒体记者，出于对传统文化的关注，我多次参与报道，真切地感受到他的付出与不易。

那个时候，我还不知道范炳南是干啥的，只知道他在渭南一带招收了四五十个孩子，把这些孩子放在长安县（现在改为长安区），管吃管住，让他们学习西安鼓乐，不少孩子学着学着觉得没意思，就跑了。有一次，我们聊起当年的事情，范炳南笑着说："一天吃一袋子面啊，害怕得很。"

就这样，十多年来，我们慢慢地交往，直至互相熟悉。

对于这个对话，也是筹划已久，但相约多次却是未果，要么是他忙，要么是我没时间，正应了那句话——"好事多磨"。

2014年7月15日，趁着采访的间隙，我们相约在他家——鸳鸯琴楼一叙。他说："那就请你来吃煎饼，喝稀饭吧。"

过了约好的时间半小时，我才匆匆忙忙地赶到。这个曾去了多次的地方，每一次都让我迷路，记忆最深的是他家楼下的石狮子。

春天，终南山翠华西峰远眺，山花烂漫

上楼，按门铃。

门开后，看见趿拉着拖鞋的范炳南，反穿着一件橙绿色短袖，前襟下墨迹斑斑，这是他的工作服，看得出来，他正在画画。

性格开朗的炳南老兄，能把欢乐和开心带给每一个人。他开心地说："早上刚刚作完了一幅画。"我们一起走到画案前，他拿起毛刷子，小心翼翼地刷掉铺在画案上的《科隆大教堂》上结痂的墨渍。《科隆大教堂》是他带着西安大唐芙蓉园东仓鼓乐社到德国参加柏林狂欢艺术节归来后的第一幅画。

范炳南爽快，开门见山：你随便问，开始吧！

我就顺势打乱提前准备好的采访提纲次序，从"师承"说开……

终南山翠华西峰远眺，冬季白雪皑皑

经常搀扶着赵望云到钟楼邮局门前晒太阳

问：有一句话叫"名师出高徒"。对书画家或别的行业从业者来说，不少人都喜欢给自己的简历上打上名师的标签，您咋看待这个问题？看您的简历，师从赵望云、何海霞，可谓深受名师教诲，能否谈一二趣事？

答：当年，石鲁、赵望云都住在美协的院子里，房子一排排的，院子里有两棵梧桐树。石鲁的房子比较低，进去还要下个台阶；赵望云住在他后一排，也是院子的最后一排。"文化大革命"前，他们经常去美协创作室作画，"文化大革命"开始后只能在自己家里的斗室里创作。

那个时候，我还小，经常到赵伯（赵望云）那里去，一个礼拜总要去个三四次，很自然地就和石鲁认识了。一天，在院子里碰见石鲁，赵伯就对石鲁说这是小范，学画画的，也没有介绍我是他的学生、他的徒儿。我和石鲁熟悉后，经常是在赵伯家里学习完，走出院子，穿过月亮门，赵伯拐回房子，我又转回来跟石鲁聊。

石鲁住着一个大开间的房子，有差不多 20 个平方米，里面放了一张八仙桌，桌子上面放了一个架子，架子上面放了茶壶、茶杯、印章和印泥等小玩意儿，石鲁就在八仙桌三分之一的地方作画，作画的环境是比较简陋的。

赵先生的房子比石先生的房子稍微大点。

我是在 1971—1973 年这三年时间里，在两棵梧桐树下见证了两位老人的很多事，所以我准备以后写一篇文章，叫《两棵梧桐树下的两位老人》。

石鲁善于言谈，而且观点鲜明，拿今天的话说就是"很犀利"，在当时就是很尖锐，他尤其对政治很敏感。因为他是个革命的画家，所以他对当局的"文革"的政治性很敏感。而赵望云先生是人民的画家，差点被打成右派。石鲁在绘画艺术上成就更大一些，他那种艺术创新和敏锐的感觉，他那种风骨，他那样做人的骨气，从我年轻时代就印进了我的脑海，对我的教育是刻骨铭心的。但我不愿意拉大旗做虎皮，也在刻意地回避这一点。所以，我不愿意沾"石鲁"二字，给自己的画作在社会上产生什么影响，我要拿我的实力来说话。

赵望云是个不爱言谈的人。我经常搀扶着他穿过西安北大街，到钟楼邮局那里晒太阳。我和赵先生背靠着钟楼邮局的一面墙，有时候一晒就是一两个小时，在一两个小时里，有时甚至是一句话也不说。他没有像别的老师那样，教我怎样做人，怎样画画。但是我看着他做了好多画，他作画的这种态度和他的画反映出来的现实生

范炳南

叩月

乙未秋月啸岑寻梨花步怪步南月随回城游偶见山崖之龙南一径隐士野月雨叩翁大凳霉悟和隐十三境回耐作圈也老陈记

范炳南画作《叩月》

活，对我的教育非常深。他的画没有一点媚骨，很多作画的技法在当时是反叛传统的。

有一次我刚要出门，赵妈把我叫回去说："你赵伯送你三样东西。"我接过一看，是一方砚台、一支大兰竹（毛笔）和一幅四尺整张的画。

我在赵先生跟前从来不提什么，也不提要画。看到这些礼品，我执意不收。赵妈说你拿上吧，这是你赵伯的一点儿心意。赵妈经常说：小范啊，你跟你赵伯才是真正学画的。不像有些人，来这儿学习的目的，就是想要你赵伯的画，你是真正对你赵伯好，是来学习的。

当我拿着东西回家的时候，我悟到了赵先生对我的用心。赵先生送我的三件东西就是叫我坚持画画，就是叫我不能忘掉手中的笔，就是叫我作出当代性的画。从那时起，这三样物件一直伴随着我，有多少次我都想甩掉毛笔不画画了，想从商或者从事其他工作，但一想到赵伯，我就打消了这些念头。与赵先生待了几年，他对我说过无数的话，但都不如他送我的这几样东西对我的教育意义大。之所以到今天我成为一个职业画家、自由画家，就是赵先生送我的这三样东西一直激励着我、教育着我，这是我受到的最大教育。所以说，师承关系是很重要的，我是赵望云的弟子，是他把我教育出来的。

中国自古以来各门各派的手艺都是讲究师承关系的。过去进工厂要拜师傅，学手艺要拜师傅，徒弟每天师傅长师傅短地叫个不停，但这种传统的师承关系，现在少了。现在有些人招收学生，先要看看他爸是干什么的，是不是企业家，是不是达官显贵，看能不能给老师做点什么；有的学生，今天叫老师，明天叫大叔大伯，后天连门都不认了，甚至还在背后说老师的坏话。之后，我又叩头拜在了何海霞先生门下，但不管在赵先生或者何先生的门下，我都是伺候在左右。尤其是何老儿子不在他身边，家里很多事务都是让我来处理。正确的师承关系是中华民族的老传统，我在这个师承关系中是受益的，也受了严格的师训。

在美国生活二十多年却不会讲英语的"老陕"

问：你是旅美华人，在美国生活了二十多年，却不会讲英语，那如何与别人交流？

答：我是 1989 年到美国去的，从到美国的第一天起，我就给自己立了一个规矩，就是不学英语。

我不学英语有三个原因：第一点，我来美国的目的是何先生让我"时作凌云游"，我是来改变自己的中国画法，还要回到长安去的，我不学英语，就是不想在这上头（学英语）浪费时间。再说了，学英语也很困难。第二点，我担心学了英语后改变了自己的想法，因为我在美国挣钱也很容易，不管是卖画，还是开古玩店，在当时都会挣大钱。美国的生活、美国的现状也很符合我，我若学了英语后，我害怕自己以后回不来了，会改变。所以拒学英语，先断了一条路。第三点，我不学英语，用自己语言，用眼中的画面来丰富自己思想的活跃性、想象力，我相信都可以用在我的绘画上。

当然，不学英语在生活中肯定会遇到很多问题，当遇到问题时，不会语言就只能用肢体语言来传达，来解决生活中的一些事儿。每当有大的活动和大的交流时，我会请人给我翻译。

问：从你的笔名"老陕"来看，你虽然身在美国，但是有深厚的陕西情节。生活在美国和陕西有何区别？外国文化和中国传统文化有什么区别？外国的传统文化如何保护？

答：我是带着一个目标、理想去美国的，不是嫌中国大陆工资低，为了生存去的。既然是一次寻求艺术之旅，是为了解决自己山水绘画情节的丰富和延伸，那么我在美国是有深深感受的。美国的

范炳南和鼓乐大师赵庚辰（前）在西安城下

范炳南在作画

文化背景与中国截然不同，差异非常大。这两个背景是谁也吃不掉谁，可以相互借鉴学习。我可以怀抱着中国的情怀，用西方的理念来梳理自己的绘画，我可以用西方的思想来解决中国式绘画的传统技法。所以说，在美国我深深感受到思想的转变、理念的转变是第一位的。

美国的传统文化和中国的传统文化是截然不一样的。我就是用美国传统文化的理念来解决我们自己传统文化的符号。中国有六千年文明史，中国的传统文化博大根深蒂固，严谨有序。中国传统文化深深地种植在东方人的心里。美国只有两三百年的传统文化，在美国我观察到，一个大的企业家，不管是报业王还是铁路王、银行王，自己建立的图书馆、家园，最后都是捐献给国家，这就是他们的传统文化。另外，他们具有收藏几千年传统文化的传统。为什么呢？因为它的历史太短。我在汉庭顿博物馆和旧金山的庄园里，看到了他们收藏的中国汉唐、明清的文物陈设，看到了他们对于埃及、罗马、印度数千年留下来的文化进行的收藏。不少有文化的企业家，都是大的收藏家，这是他们的传统。他们的收藏是世界性的，中国的收藏是本国的，只注意本民族本国文化的收藏，不重视外来文化的收藏，咱们是泱泱大国，思想却保守狭隘。由于美国建国时间短，它的思想是开放包容的，是一种有义工的思想、捐献的思想、善于帮助人的思想，有包容和开怀的思想，这是美国的一种传统文化思想。

"文化八国联军"正在破坏我们的传统文化

问：随着经济的飞速发展，中国人的精神信仰也在缺失，中国的传统文化有待逐渐恢复，你咋看这些问题？

答：我带着西安鼓乐走访了欧洲六个国家，我在美国生活二十多年，人家把传统作为民众的一种凝聚力、民众自信心的源泉。我们国家几十年来对传统文化的流失非常非常严重，像很多河流干枯了、很多绿地植被缩小了、很多能源被挖空破坏了一样，我们的传统文化也存在着不断缩小、流失和遭到破坏的问题。

前两天，我给西安市一些企业家讲了一堂国学课，题为《国学》，副标题是《从传统中找回中国民族的自信》，主要阐述了中国几千年的传统文化是中国民族的凝聚力，现在无论是在饭桌上，还是在与朋友品茶、饮酒、聊天，各种场合大家都谈到我们没有信仰了。我们的凝聚力在哪里？改革开放的 30 多年，大量接受西方的东西，把自己的产业、自己的主流全标志在一个金钱上，缩小了传统文化的教育、弘扬和传播。

前几天，我见到陕西教育研究所的一位领导，我说你是管教育的，请你给我回答一个问题，你的初中、高中课本，有多少是讲中国传统文化的？有多少是讲国学的？她愣住了，她感到确实是缺乏。所以说，我们现在急需要唤醒我们每个人，要像农业的退耕还林一样，把我们失去的传统文化追回来，只有从传统文化中才能找回自己民族的凝聚力。家庭没有凝聚力了，伙伴没有凝聚力了，我们整个民族失去了很多；做生意没有了诚信；伙伴之间没有了仁义礼智信；四代只是同堂，四代之间的利益、尊重、责任、承担都消失了；孙子都不知道给爷爷磕头鞠躬了，儿子不养老人，三从四德都没有了……

中国人的教育不仅仅是一个政治纲领的教育，更是中国几千年传统文化的教育，它应该渗透到每一个家庭，渗透到各个阶层，中国的一个族，一个姓氏家族的祠堂没有了，家族七离八散、内斗，不像过去一个祠堂里，不管你走多么远，上千里路都要回来，大家聚在祠堂下祭拜祖先。这是一种凝聚力、一个民族的自信。一个国家是否进步，是否有自信，就看你传统文化保护和发扬得如何。

我给他们讲课时拍桌子，当年八国联军侵略我们并不可怕，烧了我们的颐和园，抢走了我们很多东西这些都不可怕，更可怕的是今天八国联军的侵犯，不但我们没有意识到，还鼓掌，还欢迎，其实他们的文化已经深深渗透到我们的思想中，你看西安市的一些楼盘，什么莱茵镇，什么尼罗河，什么罗马花园等等，都渗透到我们的企业中，渗入到我们的服饰化妆品中，渗入到我们的文化娱乐中，"文化八国联军"正在把我们的传统文化击垮；不但我们自己在破坏，我们还引用外国的文化在破坏，现在的八国联军的侵犯比过去的侵犯更厉害。

皈依仪式上的范炳南

　　我走访了欧洲多个国家，我看到人家小镇的广告，我想从中找到中国北京、找到 China、找出长安，却怎么也找不出来一个中国的符号、中国的字，中国的符号在外国没有，难道人家的国家就不发展了？

　　问：我觉得你还在坚守着传统文化，身上还流淌着传统的血液，这的确难能可贵。

　　答：我的任何一个展览都不用西式方法，全部是中国式的。《出关问道》展览我用了西安鼓乐热身，用了华阴老腔开场，开幕式我

137

范炳南一身传统服饰

采用了传统的戏剧布景搭建了舞台，用中国戏剧的八大铜锤护我，我穿着中国的长衫，从这一扇门里走出来，用我的画展向前来参加的数千人、数百人呼吁发扬光大中国传统文化。我最近又办了一个展览叫《拿宋人说事》，开幕仪式采用了香道、茶道、琴道、画道和"宋人四品"，我的题目是《拿宋人说事》或者叫《印象宋人》，里头写了一篇短文叫《拿宋人说事》，我就说今天我们的艺术家缺少自身的人文修养，把自己的作品往钱上画，把自己的名利往职务上伸。其实，文人的自身修养很重要，宋人的人文修养是历史上的极致。两宋期间，国内比较祥和，书画、诗词、娱乐、工艺品等传统文化都走向了高峰和极致，连宋徽宗都在重文轻武。我们现在的文人修养都到哪里去了？没有了。

我的现实生活中也有中国传统文化的影子，从美国回来笔名起"老陕"，从骨子里把传统文化印下。我不但要抢救西安鼓乐、抢救老油坊、抢救西安菩萨庙会，在我的骨子里，在我的笔名里都有"老陕"的情怀。在现实生活中我重视中国传统小吃、传统的饮食文化，生活中也充满了中国文人的情怀和修养。

"臭味相投"与"志同道合"的知音

问：古人有伯牙子期"高山流水觅知音"，人的一生中知音难觅，知己难求，像你到现在有没有遇到真正的知音抑或知己？能说说吗？

答：我的知己的标准都不是以名利关系和金钱地位决定的，是能不能"臭味相投"，能不能"志同道合"。

当官的和我不志同道合，我不登门拜访；有钱的人，和我志不同道不合，我也不登你门。我是以一颗平常心看待人和事，与我有共同语言的人，不管是我的女朋友，还是男朋友，都有我的知己。

比如我晚年婚姻上遇到了亚红，也是她读懂了我，她是真正看到了我对民族的心，对于抢救传统文化的心和对艺术的独立见解。她崇拜我，尊敬我，愿意照顾我，伴随在我身边。赵先生、何先生都是在艺术上的长辈，是我的伯叔，也是我的忘年交、朋友。所以说我的人生旅途中，能成为我知己、朋友的不多。但是你陈团结能成为我的知音，就是你我多年对传统文化的弘扬，对学术事业的执著，这种公益思想等很多方面是一致的，臭味相投。与我对艺术上的追求相同的，都能成为我的朋友。还有净业寺的本如师傅，他说我是他师，我说他是我师。所以在本如的生日那天，我皈依了，本如师傅给我取名为觉山居士。

上世纪 90 年代初，我就跟德高望重的星云大师有过交往。2003 年，在台湾的高雄，我为星云大师作画两个多月，他的弟子多次暗示过我，让我皈依在星云大师门下，但是我没有。现在我却皈依到本如法师门下，就是我觉得本如法师在我们陕西六大祖庭几十座庙宇里，他是个另类的人，他像弘一法师一样，是一位具有深厚艺术修养和深厚文化修养的佛教徒。他弘扬的佛法是双刃剑，一方面他坚守正宗的佛教传承和弘扬；另一方面又利用文化来引导更多的弟子深度地、广泛地对佛教进行弘扬。他是一个热爱生活的人，他是一个对于佛教从文化的层面深入了解的人，他不像一般的和尚只是诵经，一板一眼地诵经。他诠释了佛教的经典，把佛教的思想化为文化的现象和文化的魅力，来更多地结善缘，接收弟子弘扬佛法。

我从本如法师身上受益匪浅：第一点，一个福建厦门的高僧能来到终南山上，十多年把终南山建设得如此宏伟，着实让我敬佩。第二点，他坚守着中国传统文化和佛教的情怀，并不断弘扬佛法，他的书法和绘画处处都渗入到禅经中、禅意中，用自己的书法绘画语言更深一层地来普度众生，弘扬佛法。这是西安任何一个方丈都做不到的，他是一个具有很深的文学修养和文化思想的高僧，不仅

本如法师和范炳南师徒手挽着手走出大殿

仅是佛教思想和文化思想，不仅仅是个高僧，是个佛教的和尚，他还是一个有思想的学者，是有学者风范的高僧。另外一点，从他身上看到了生活，他对于佛教徒，都是用了一种生活的方式开悟，除了做法事的严肃、严格性以外，他的生活充满了浪漫，充满了人性，这点使我对他充满了深深的尊重。

终南访禅

范炳南和来宾交流

问：通过和你交往，我觉得与你不熟悉的人看不到你睿智的那一面，一般人也只能看见你的表面。

答：猜测想象啊，别人只是看到我的表面。因为我不走向社会，天天在家画我的画，做我的事，我把我脑中的画全部画出来。外面的事情我根本不管，也不传播，我也不需要你去讲什么，就和那天我在那个庙会上，一个画家去那个庙会，到底有没有名气，别人也不得而知。

问：有的画家自恃清高，高高在上，不愿意和别人打成一片，而你那天在庙会上，和那些老头老太太打成一片，没有一点儿旅美华人的架子。

答：我什么架子都没有。记得当年加入文史馆时，我是和肖云儒、张锦秋一块加入的，当时审查很严，是贾治邦省长给颁发的证书。我在美国同乡会当了 15 年的会长，我建立了美国加州画院，当了多年的院长，我又是陕西省历史博物馆的研究员。

反正就是说，不管什么事情，只要你自己认真去做了，才能到达一个高度，绘画也是一样。我是学习长安画派真正的精神，是利用舞台发挥自己的现实思想，我这样做都是我的现实思想融入到现实生活中，才能画出当代的作品。

一个人怎样利用历史背景，赵望云在那个历史背景中跟着冯玉祥深入到民众生活中，不接受国民党的高官封爵；石鲁是跟着革命的潮流，背叛书香门庭到延安，是在战争年代成长起来的。我今天的先锋思想是呼吁抢救中国传统文化，我没有去像别人那样弄个副主席什么当当，像这样的场合你找不到我。不是我没那个本事，是我的思想决定了不想与他们同道于官场文化，人可能是很好的朋友，但对那个领域是对抗的。

深入到现实生活中才能养身养心

问：中医的最高境界是养生，养生的最高境界是养心。看一个人也是一样，观相不如观气，观气不如观心。从年龄上看你不像六七十岁的人，包括心态等，都像是 40 多岁的人，在养心方面有啥心得？你是如何养生的？

答：关于养生，很多人问我，范老师你哪里像个 70 岁的人！不管是夜市摊摊还是和朋友品茶，不管说话和做事，咋不显老？反而像个年轻娃一样。

我觉得养生首先要养身，养身首先要养心，养心没有生活咋养？不深入到现实生活中怎么能养？身体的状况不从心里头游生出来，你身体也表现不出年轻，因为身体你是挡不住的，你到了 70 岁了总不会像 20 岁一样去翻跟头，但又是由心里表现的，心又要深入到现实的生活中，所以别人问起来，我就说第一点我先养心，与世无争，与江湖不争。与别人不争，与江湖不争，与社会不争，与名利不争，是自己和自己争，四个不争一个争。人一旦有了明确的目标，就会成为最快乐的人。一个人一生有目标，他是最乐观

皈依仪式之后，来宾们合影留念

的，最养心的，最没有压力的。我经常说我有目标，我的目标很明确，就是要把自己的绘画做到长安画派的延伸，真正体现中国山水画的当代性。按照这个方向走，杂念没有，我就很轻松，我与我的目标在争，这就是我养生的"四不争一个争"。

问：人生苦短，也就是百年。一晃你也年近 70 了，能否结合自己这六七十年的经验、感悟，给有心修行者一些建议？

答：我的人生很快就到 70 岁了。首先，我觉得一个人一生除了要有外来的精神，还要建立自己独立的精神王国，就是要建立自己独特的精神思想。你没有精神思想，你就会在生活中迷茫、彷徨，就像人常说总看到范老师没愁的，没有唉声叹气的，没有厌世，没有骂社会，就是因为我有我自己的精神世界，建立了自己独立的精神世界。第二，就是一生中要规划自己明确的目标，要像一颗原子弹一样，它的爆炸力是无限大的。你这一生的目标不要那么大，不要建立很多，朝目标走的人是自信的人，是充满了活力的人。第三，要有自己的守望精神，一定要克服自己人生中的浮躁和虚荣。自己的目标自己的精神确定了，就要一定去建立自己的守望精神，这一点就是我从佛教中学习到的。自己去弘扬佛法这个目标很准确，普度众生，所以说七情六欲，吃的穿的什么欲望都没有，就是一个坚守。我觉得一个人要守望，要坚守，才有自己的自信力。第四，自己的一生一定要抱着容纳的态度，容纳、兼并、包容、学习。只有包容、兼并才能达到自己真正的学习，只有抱着包容的思想才能克服狭隘之心，才能克服自私心理。每个人都有私心的，让自己自私的心理在这一生中占据的分量少一点，只有学习才能使自己的羽毛丰满，才能随着年龄越来越大，自己的艺术越来越青春，才能把自己定下的目标走到头，才能走得更精彩。

道任：守望传统薄喧嚣

道任，原名邢瀚，字道仁，号江月，闻溪草堂堂主、终南山房主人。

幼时即对书画篆刻诸艺倾慕沉迷不已，后又幸得恩师郜育华教授启蒙，逸怀矣临池，游乐乎艺海，春冰积学，惭得微识。

书法喜摹晋唐，兼临北碑，对今杰古贤之笔韵墨情饶美不已，作字尚意境疏法度，力求自然之我、畅怀之我、本真之我。

喜山乐水，品茗鉴泉，乐天痴道，生性淡泊，不求闻达，亦善抚琴弄箫。

道任失踪十几天，朋友们报了警

记得那是 2011 年 10 月 12 日晚上 12 点多，朋友老魏打来电话，这么晚了，肯定出啥事了！果然，老魏问："你没见道任吧！"我回答："没见！有半个多月没联系了。"

老魏告诉我，他媳妇着急得不行，说是失踪了，出去十几天没有一点消息。

老魏还说："这家伙国庆节前在他家还上了会儿网，和一个女网友聊了好一会儿。我纳闷：这家伙不会是和女网友私奔了吧？"

随后，我辗转联系上了道任的那位女网友，人家正在福建洗

道任在泡茶

脚呢。

我婉转地问，你没见道任吧？

人家说：没有！

后来了解到，这位老兄 10 月 1 日一早就出门了，到 12 日音讯全无。家人左等右等依然没有消息，这下着急了！打电话在亲友圈里找了几遍也没有任何消息。大家都寻思：终南山里经常出现驴友失踪的情况，这伙计不会是和驴友去爬山出了啥意外了吧？

几个朋友聚在一起，商量着：还是先报警吧！

警也报了。

人却回来了！

大家急得像热锅上的蚂蚁，他却神态自若，笑眯眯地连连作揖说："不好意思，不好意思，让你们担心了！"

他说自己先是与圭峰寺的住持慈航一起参禅论道，后来又跑山里（终南山），到几个茅棚里与那里的修行者一起喝茶弹琴，手机没电了，山里也没法充电，再说山里也没有信号。就这样！

同学们打趣说："你不会被山里的狐狸精给迷住了吧！"

他微微一乐，说"不打诳语"，俨然一副出世的姿态。

前不久，在博客上看到一篇刘宗军写道任的文章《循道揽任 游艺润德——天赐贤弟邢瀚有感》：

> 同窗于八十年代，结缘于外石恩师。天赐贤弟邢瀚君，自号道任艺术痴。汲秦都家山之敦厚，扬四际行善之宽怀。

> 沁书学，王柳旭素，深究帖学经典；龙门摩崖，著意魏碑体势。醉画道，写意人物清逸有韵，花鸟小品理趣俱彰。品箫音，琴曲幽绕成专辑；品茶茗，禅境悟醒得羽客。而又旁涉文词，转修建筑设计；兼玩刻石，留影九州万里。其博艺求索之志，吾恨不及。

或妒其宽怀慧心，勉携后进，自求践行三善，施助灾难，代为感念八方。又羡其责担信养，应唾媚躬之正；追善剔恶，且站出来之勇！

然亦时觉幸慰，天赐贤弟于同门，更多同道互励清辉，共催化境给力矣。当悟道，天域无尘，是因乱尘得所；齐修心，举体溢善，终遇浮气归真。

道任做财务咨询的行当，却喜欢写字、画画、吹箫、弹古琴，甚至迷恋上了山里的生活，最初是跟着驴友去爬山，再后来就喜欢住在山林，每月去山里住几天。

后来，道任进山的次数越来越多，频率越来越高，待的时间也越来越长，大家都说他与佛有缘，他则说：他喜欢山里的清净，喜欢住山人的善良真诚，这些都是都市人日渐失去的东西。

他的心境也许代表着一大批都市人的心中向往。喧闹的都市里，人们的节奏日益加快，人的内心日渐焦虑，有一个时髦的词语叫做焦虑症或者忧郁症。难道进山是治疗此症的良方？我与道任约好作一席谈。

不行走山林，不知谁是江山风月的主人

问："山不在高，有仙则名"。终南山没有神仙，为何如此喜欢终南山，一次次地迷恋其中，迷而忘返呢？

答：对终南山的喜欢，缘于和此山的一次次亲密接触。前些年迷上爬山，游览了无数的山峰沟峪，被终南的秀美、雄浑和峻奇所打动，为大自然的神奇造化而折服。"山不在高，有仙则名"里的"仙"并非狭义的神仙，而是指终南山有许多脍炙人口的历史传说和典故，尤其是历代在终南山修行治学的儒释道各家，为大终南

道任坐在雪中的古树下歇脚

冒雪上山拜访本如法师

注入了辉煌厚重的人文灵气。"天下修道，终南为冠"，道出了终南在汉文化圈独尊无二的地位。古时之姜尚、老聃、张良、李白、王维、陈抟、韩愈等，近现代之印光法师、虚云法师，以及现代隐居于终南的本如法师、画家樊洲和许许多多无名的隐士等，都给终南山留下了不朽的文化瑰宝及精神符号，这样的圣地，怎能不令人向往呢？

不近终南，你根本不知道终南有多美。大终南横亘千里，足之所至、目之能及，皆成画幅。其"脉起昆仑，尾衔嵩岳，钟灵毓秀，宏丽瑰奇，作都邑之南屏，为雍梁之巨障"，东矗华岳千年松，西存太白万古雪，北坐楼观仙台，南开石门摩崖；陈仓古道，辋川烟霭，雪拥蓝关，槲叶题诗，等等，皆因自然人文之美而使人流连忘返，每每不识归路。

七八年前，我背起行囊，真正走进终南山，融入这里的山山水水。草木葳蕤、林泉高致令人沉醉，竹林茅舍、禅院古寺无比清幽。在此山行走，乃是赏画，在此山行走，亦是修禅。终南山是安静的，高深莫测，有尊者风度，她不浮躁、不张扬，泉响山愈静，鸟鸣谷更幽。在这里行走，往往能听到自己心跳的声音，更能幻想自己的前世来生。每当临清涧、凌绝顶，我都会从行囊中取出陋壶残盏，瀹一场素茗，独啜沉思，对景反观我心，反观众生万象。经常在想，世人之迷迷茫茫，何时能离苦得乐。不入终南，不知山林离我们如此之近，不行走在山林，不知谁是江山风月的主人。

何谓仙？人在山中便是仙。

问：孔子说"朝闻道，夕死可矣。"你是如何理解的？是否有皈依的想法？

答：历代对这句话有好几种不同的理解。第一种解释，因"朝闻道，夕死可矣"，后文又接着说"士志于道，而耻恶衣恶食者，未足与议也"，"道"便可理解为政治理想即仁政，"朝闻道，夕死可矣"意思是一个人早上达成了自己坚持的理想，实施了政治主张

（仁政），就算晚上死去也值得。第二种解释，在听闻圣人之道后，要不断地固守、坚持、实践、承担、不退转，达到不惴的世界。第三种解释，明白了道理，把以前不明白道理所做的事改掉。

我觉得应该是以佛家的思想去理解，即求得正悟正觉，并矢志不渝地坚持，方可得到解脱。

可能机缘未至，没有想过是否皈依，但是内心力求以平常心对待一切，俗话讲"平常心是佛"，能养好"心"便已足矣。

优秀传统的迷失是一种精神信仰的劫

问：随着经济的飞速发展，中国人的精神信仰也在缺失，中国的传统文化也在迅速地消亡，你咋看这些问题？

答：其实，每个历史时期都有各自的主要任务，发展经济是这几十年来国家建设的中心，无可厚非。但在物质文明发展过快的同时，精神方面一些优秀的传统、却遭到迷失，有些精粹被遗落、淡化，难以平衡发展、齐驱并进。从某种意义上来讲，这也是一种劫，精神信仰的劫，也是历史发展过程中难以回避的问题。走在大街上，不时听到人们在埋怨公众信仰缺失，也不时看到人们坐在一起时，不到三句话就开始谈论房产、财富，公众的文雅、淡泊气质微弱，温良恭俭让难以觅踪，一部分人的戾气嚣然日上，并形成一些社会隐患。造成这样的后果，拜金主义者、尸位素餐者难辞其咎，但我认为人人都有责任。古语云："穷则独善其身，达则兼济天下"，道出了做人的底线和追求，不但要完善自我，更要心怀天下。

信仰和文化是分不开的，常常互相依附，信仰缺失往往源于文化倒退。在经济飞速发展过程中，财富和地位渐渐成为成功者的标记，一些暴发户和显官的行为成为公众竞相效仿的榜样，孜孜不

道任琴棋书画样样在行，尤喜煮雪品茗

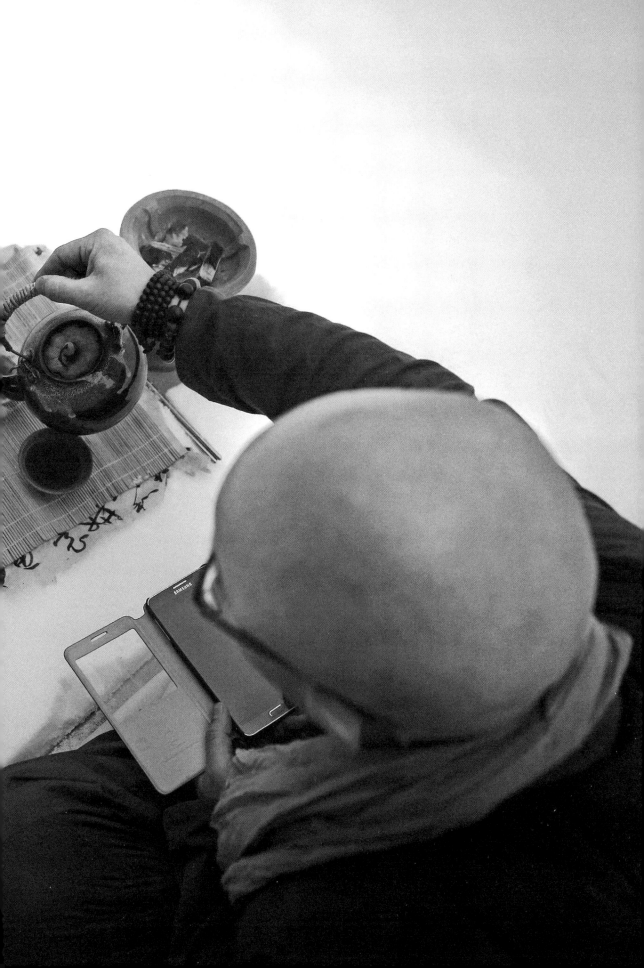

道任吹箫一曲《笑傲江湖》

倦、不择手段地攫取利益、追逐虚名使一些人打破了做人底线，贪图享乐、低级趣味亦如瘟疫一样蔓延到社会之中，甚是可悲。现在，当大家都能意识到这种现状的时候，便应经常反观自我，不能都空喊信仰缺失，而自己依旧麻木不仁、随波逐流。现在不管走到哪里，都能看到书写着"厚德载物"、"上善若水"励志语的书法作品，这是好现象，说明"德"与"善"已是公众认可的个人精神。我认为信仰缺失只是暂时的，其将依赖传统文化的复兴而逐渐走出怪圈。

其实，在经济快速发展过程中，传统文化并非迅速消亡，而是依然存在，中华文脉并没有断，只是其地位和发展受到限制。前些年其内核未被广泛认知及大力弘扬，没有完全融入到平民生活中去，一些国学精粹本应为大众所继承，而非停留在文科学府和部分研究者之中。

问：作为一个文人，你是否在坚守着传统文化？或者你的身上仍然保留着传统文人某些品性？

答：首先，我认为自己只是一介草民，充其量算爱好者，不敢称之为文人。我经常跟朋友讲，几千年相承下来的传统文化如民族基因一样，本来就渗透在每个人的血液之中，属于传统文化范畴的事物，终将引起我们的兴趣，不过由于身处环境之不同，接受教育程度之不同，大家的敏感程度各异。我可能属于比较敏感的人吧，从小对传统文化范畴内的事物都很感兴趣。亦因幼时在农村只能接触到稍显陈旧的老祖宗留下的物件和思想缘故，喜欢阅读、思考、探索，仰慕仁、义、礼、智、信，向往佛心道骨儒行，这样的心结一直存在着。

季羡林先生曾说过："弘扬中国传统文化，必先弘扬茶文化"。这句话并不能简单理解为喝茶就能弘扬传统文化，他一方面在告诉人们，茶乃礼也。相逢敬茶、吃茶是一种礼仪，也是一种不同于酒肉的清雅交际，书画琴茶本已融为一体，茶事活动都有琴棋书画相佐，会带动整个文化的繁荣和普及。另一方面，茶文化又是儒释道三家皆融的文化，尤其佛家讲"茶禅一味"，明确了吃茶犹如坐禅，注重传统文化的思辨和继承，要以智慧的开启为宗旨，而非一般的饮食活动。最后更重要的是，茶是最贴近大众生活的文化活动。"万丈红尘三杯酒，千秋大业一壶茶"。生活中的茶事或成就人们的平常心和清凉境，达到淡泊明志、宁静致远的高度，如果人人识得个中真昧，社会就愈发和谐、先进。

现在喝茶的人、修禅的人越来越多，这是个好现象，相信传统文化不会继续式微的，应该会回归到比较理想的状态。如果说我身上有传统文化的一些影子的话，应该是我嗜茶的习性，我会继续影响周围的人去吃茶、证悟真昧，共同学习和弘扬传统文化。

古琴的弹奏最重要的是对俗子不弹

问：古人讲究琴棋书画，你已做到了，在这四艺里你最喜欢哪一种？请说说理由。

答：琴棋书画中的琴，其实泛指音乐。自从有了人类文明，便有了音乐，不管哪个民族，都有自己特色的音乐，音乐是人类情绪与心境的表达和升华，可以直接震撼人的灵魂。中国的音乐也是随着中华文明一起诞生的，古琴算是最早的乐器之一，也是唯一从上古一直流传到现在而没有失传的乐器。传统乐器里，我最喜欢的是古琴和洞箫。

古人有"士无故不撤琴瑟"、"左琴右书"之说，古琴高雅至极，是古时多数文人必备的知识和必修科目，是文人吟唱诗歌的伴奏。古琴音域宽广，音色深沉，余音悠远，富于感染力，容易打动人的灵魂，达到天人合一的境界。可以说，从孔子时代一直到清末，历代有建树的文人都离不开古琴，都能抚琴咏怀，弦歌明志，也一代代传承下来这一宝贵的文化遗产。

古琴被士人赋予礼制修心养性的功能和审美，"君子之近琴瑟，此仪节也"。弹奏古琴成为必须掌握的技艺，已经无关乎其音，而是一种文化符号和身份象征。孔子十分推崇古琴，能抚琴唱诗经三百首，而且向师襄学琴，成为后世士人典范。

我本人从小受传统文化影响颇深，先是从书上看到许多古代文人与古琴的故事，然后想方设法找来古琴曲来听，上世纪 80 年代开始迷上古琴，只可惜当时根本无缘见到古琴和演奏者，更无法现场聆听演奏。直到新世纪才有机缘在乐器店见到古琴的"真身"，才有机会抚摸琴弦。当我真正拥有第一张古琴时，相当激动，好像了了前世今生的一个夙愿，当夜将琴放在睡榻边，不肯释手，醒来一次便随意抚弦一阵，喜欢那种空灵、纯净而通透的声音，喜欢那

道任用雪水煮茶

种触摸历史的感觉。

古琴的弹奏有严格的要求，从表面上看是在强调弹琴的条件，实际是以君子之风要求抚琴者。古人弹琴有许多宜弹不宜弹的条件，什么情况下适合弹奏古琴呢？即逢知音，遇衲子仙朋，处高堂，升楼阁，在宫观，坐石上，登山埠，憩空谷，游水湄，居舟中，息林下，值二气清朗，当清风明月。古人又明确几种情况下不宜弹，一是疾风甚雨不弹，二是尘市不弹，三是不沐浴净身不弹，四是不坐不弹，五是不焚香不弹，六是衣冠不整不弹，最后，最重要的是对俗子不弹。这些宜与不宜的条件甚为严格，说明弹琴不仅仅是一种音乐活动，它实际是对士阶层的一种修为的要求，是个人修养的一种规范和高度，通过抚琴这一形式，确定了士族的行为道德标准，也成就了无数文人墨客的风雅与脱俗。

所以，我喜欢古琴，不单单是它的声音如何的美妙悠远，更重

道任坐在山巅独自吹箫

要的是其博大精深的文化内涵和君子之风。另外，由于历史原因，传统文化日渐式微，我们这一代人必须继承这些优秀的文化遗产，尽管我们弹得不太好、学得还不精，但是，我们小小的书斋、茶室或茅棚，终于能放下一张琴桌，矮窗里终于又飘出萦绕几千年的悠悠的琴声或弦歌了。

问：有一句话叫做"名师出高徒"，不少的书画家或者别的行业从业者，也都给自己的简历上打上名师的标签，你咋看待这个问题？我看你的资料只有一个恩师郜育华，此何许人也？你们结缘交往于何时？

答：打上名家标签是普遍现象，关键谁是启蒙老师，谁是人生中最重要的解惑者，我觉得还是要真实地对待这个问题。恩师就是恩师，不管其有名无名、名大名小，学生都要对自己的启蒙老师怀有感恩之心。

上世纪 80 年代末期我结缘郜育华先生。先生是我的语文老师，是一位学者，我认为他才是一位真正的隐者。先生解放初期毕业于西北师范，国学、书法方面造诣极高，其诲人不倦、淡泊名利，是学生们的严师慈父。郜育华先生的书法融碑、帖之长于一体，榜书手札皆成佳品，所书诗词对联皆为自作之文，且精妙隽永，华彩卓然。先生书法、文章皆赠送好友，未曾沽名钓誉、以笔墨取利。先生从不参加任何评奖之类的书法展览，也从不攀附任何名家名流，只与自己的学生及部分好友谈书论道，耄耋之年仍手不释卷，诗书不辍。

我对国学的兴趣，对书法的钟情得益于恩师的教诲与鼓励。当年经常去老师家蹭饭、蹭学，老师和师母都把我们当子女对待，使我们长沐博学与仁爱之福。恩师不幸于2013年雨雪交加之春驾鹤仙逝，享年90高龄。

佛法的精妙来自于内心的证悟

问：2014年2月10日，咱们一起冒雪上山拜访本如，当时你的膝盖受伤初愈，是什么力量促使你挂着拐杖上山？关于那次与本如的雪夜长谈，请谈谈你的感悟。

答：踏雪终南本来就是件悦事，那几天下了几年来最大的一场雪，早有计划要于终南之巅烹雪瀹茗，加之要去净业寺参访本如法师，所以，膝盖的伤痛便被法喜替代。那日上山，一路冰雪银雾，婆娑朦胧，竟然是步履轻松、欢乐自在。

本如法师在终南乃至中国佛教界久负盛名，那日与他是初次见面，法师言行中充满智慧和禅机，也是"活神仙"一个，而他戏称自己"住山佬"。雪夜畅谈纯属偶然，算作一种机缘吧。那天上午攀上净业寺，用过午斋之后，法师要去打坐休息，我从行囊中取出茶器，在山巅雪地中起炭生火，然后烹雪煮茶，忘情吃茶不知不觉天色已晚，便被法师挽留下来，也便促成了当夜与法师长谈的法缘。假如那天下午下山了，便也不会有那夜的长谈。有时候、有些事皆因为不预设、不强求而倍显从容自然，夜里吃到了本如法师泡的好茶，更是经历了一次禅的旅程，法师的言行皆出乎常人的想象，充满禅悦、智慧。

交流之中，因法师是闽地口音，个别字句我们听不明白，法师索性取出纸笔，边说边写，谈到佛家经典偈语等，他都要写出主要句子给我们看，并阐释辩解。佛法是如何广大博深，非经自身面壁苦修，真是难以给俗世中人举例、传授。法师却能随意举例论证，形象而引人深思，让人佩服。谈到如何修行，法师说修行最重要的是调心，即是智慧。要不断地实证、体验，如一杯茶端在手上，只有喝到才知真味，才是自己的体验。要实证就要学禅参禅，"禅"即是"正思维""静虑"，要自己去思维体验。释迦牟尼佛给弟子讲法，路过森林时，随手捡起一片树叶，问弟子：我手上的树叶多还是身后树林里的树叶多？我讲出的道理就如手中叶，而未讲的如身后树林里的叶子。未闻的都需要自己去证悟，不去实践，是永远不会明白的。不要以为口耳相传，便信以为真；不要因为逻辑分析，就信以为真；不要因为是哲学思想，就信以为真；不要因为学者赞叹，就信以为真；不要因为导师讲出，就信以为真；要根据闻、思、修的学佛三部曲，切身体会，如此便要禅修。一席言语如醍醐灌顶，清凉无比。

"行也禅，坐也禅，语默动静体安然"。佛法的精妙来自于内心的证悟。在家出家，修行上都一样。有人身出家，但心还在俗尘；有人身在家，但心已经出家了，这种人更厉害。修持的方法很多，但每个人的根器不同，所以佛才应众生根器，讲了各种法门。佛法有八万四千法门，根据众生的根性而现，要修行，就要找到适合你自己的法门。

其实智慧就在每个人的心中，要观心，自己找到自己的心，可明心见性，了了自在。禅如浩瀚无际的天空，智慧便是人身上的翅膀，拥有智慧，便可遨游于禅境，得无比快乐。

首先要做自己的知音

问：中医的最高境界是养生，养生的最高境界是养心，看一个人也是一样，观相不如观气，观气不如观心。你是如何养生的？

答：其实我不懂中医，对养生也不太注重，我的养生只与茶有关。吃茶是生活中不可缺少的部分，其大利于身心，非求营养及好滋味，更为养心、明心、观自在心。有时候个体和社会的疾病皆源于不和谐，吃茶乃一种形式，通过吃茶而助思考、觅清源，力求证悟和内心的和谐才是根本。

问：你希望自己住山，是心中有所寄托还是说心中描绘了一个修心的蓝图？

答：我喜欢住山，只因喜欢山里清新幽静的环境，喜欢将自己融于大自然之中，喜欢徜徉于山水之间，领略林霭山岚的妙化、清风明月的空灵自在，"清风化朗抱，静气寄虚怀"。居于终南山中，才真的有"一窗佳景王维画，四壁青山杜甫诗"的感觉。

古语云，仁者爱山，智者乐水，之所以如此，是因为山水的灵气会直接感染人，与人相契，产生无限的智慧和仁爱之心，有智慧的人，绝对会与自然和谐相处的。"天下名山僧占尽"，佛家最是智慧者，处于寂静的山林，才能远离尘世、远离浮华，才能心无旁骛，一心修行，才能静观云物会天机。也只有住山，方可享受独处的乐趣，能体会一种禅境，静修参学，不断认识自然与自我，生出无限智慧。

我要住山，便要将书画琴茶都带进山里，把自己的心安在草堂之中，在清净之地学习和修证，以士的标准要求自己，同时，通过

道任在终南山上拍照

住山的方式来弘扬传统文化，去影响周围的人，装点山林，爱护山林。

问：古有伯牙子期的"高山流水觅知音"，人的一生中知音、知己难求，能说说你目前的知音吗？

答：相识满天下，知音能几人？世人都会有这样的感慨，其实大可不必。知音是一种理解和默契，也是一种认同，甚至有时候仅仅不排斥，就算知音了。"高山流水遇知音"只是一个传说，是一种理想状态。人做事情首先要"无愧我心"，就是要明心见性，首先要自己了解自己的心，自己做事的目的是什么，是为了外相还是基于本真，是要做给别人看，还是要把事情做好，圆满自己、快乐自己。如果只为了做给别人看或者愉悦别人，那肯定会急于得到认同和理解，希望有许多知音来满足一种心理需求。而我认为做事情首先要满足自己的要求，要明白自己到底需要什么，首先要做自己的知音。自古圣贤皆寂寞，有没有知音只是外在的东西，只要自己把自己搞明白了，自己能得到快乐就足矣。严格意义上来讲，我宁愿做自己的知音。

现实意义的知音，大多指的是一种友谊，乃先有感情，而后知音，我有好多这样的朋友，他们对我理解又予以支持，认同感很强，我得感谢他们。

终南访禅

刘景崇在安徽剃发出家

刘景崇：山居终南心自悦

刘景崇，39岁，广东云浮市新兴县六祖镇人氏，字水彬，号终南散人，佛山市某企业原总经理。现山居终南的一名虔诚的修行者，奉持"药师琉璃光如来本愿功德经"为法门，以"达摩祖师开示录"为开悟钥匙，以"心密"为每天功课。

刘景崇山中望月

住在终南山里的刘景崇，在山巅散步

"我觉得生活就像永无止境的圆圈，追寻更好的工作、更好的车子……但最终不知要去哪儿。"年届不惑的刘景崇提起以前的生活如是说。他现在生活的地方，每天可坐在蒲团上鸟瞰群山，环视苍穹，远观飞禽走兽，或坐禅沉思，或练字看书，或舒展腰腿。

终南山自古就是著名的隐居修行之地。曾几何时这里重返古朴，当地山民过着简单，朴素的农耕生活，住山隐修者深居浅出于山峦之中。

来自广东佛山的刘景崇就是其中之一，他放弃了百万年薪的嘈杂生活，换上一身布衣隐居终南山。

我见到刘景崇时，他修行止语（禁言七日）刚刚结束，健谈和善，不时露出真诚地笑容。

大雪天里第一位爬山者

一个冬天没有下雪了，雪花在腊八节当天飞舞而至，加上现代化的人工催雪，愈下愈大，到了 1 月 28 日下午，从小针针雪变成了鹅毛大雪，我想着下雪进山，能拍到好照片，便拨通了张剑峰的电话，我问刘景崇在山上吗？他说在！我说那就次日进山去采访他，请提前给他打个招呼。

说真的，好久没有进山了，还真有些小兴奋，夜里两点多就醒来了，揣摩着刘景崇接不接受采访？我列的采访提纲还需要补充啥内容？

6 点多起床，开着我的捷达车在结了冰的路面上小心翼翼地行驶到含光门，和司机小朱开了帕拉丁进山。一路上发现，西安街头的汽车明显少了很多，路上的所有车辆，时速都在 20 码左右，就这样还不时有车辆发生车祸，大都是刹车不及发生的小刮蹭。

进终南山大峪山口时，山外雪已停，山里还是大雪飞舞。山

刘景崇于 8 月 3 日在安徽褒禅寺剃发，法名衍定

上、石头上和树枝上结满了白色的树挂，分外好看。

到了十里庙，车不能再开了，我下车，脚一踩下去被厚厚的积雪淹没了，看来山里的雪比山外大很多，约有 15 厘米厚！整理行装，我把裤角套在了户外鞋的鞋帮上，这样避免雪钻入鞋中，背上背包，带上手套，从车上拿出了登山拐杖，踩着没有任何印记的雪，开始爬山。过了桥后，司机小朱喊着给我拍一张纪念照。

雪花还在飞舞，没有阳光的山谷，不但异常明亮，而且还很清静，偶尔传来的一声鸟鸣在空旷的山谷里回音无穷。

走在山间的小道上，前面连个野兽的足迹也没有，四周一片银装素裹。好在这条山道几年前曾走过数次，现在的路比几年前稍宽些，以前只能步行上山，现在由于上面在施工修盖庙宇，道路加宽，施工车辆可以上去了。

雪后的山路有些湿滑，走出约一刻钟的路程，身体开始发热，不一会儿头上也渗出汗珠，停下稍事休息，脱下羽绒外罩，塞进了摄影包内，继续前行。

　　一个人爬山，走走停停，遇到好的景致就停下来拍上几张，不用看时间，也不能休息时间太久，时间久了，身上的汗落下去了容易感冒。到了李姐的农家乐，李姐夫妇正在吃早饭。李姐年近70岁，开朗活波，在此地开农家乐多年，她喜欢唱民歌和说快板，虽然不专业，但热情，经常给路人解个闷。

　　"这大雪也上来了啊！别感冒了，快进来坐在火（盆）边吧！"我是此处雪天的第一个爬山者，端着饭碗的李姐热情地请我进屋。

　　李姐让我坐在火盆跟前，李姐让饭让水，我不饿，自己带着保温杯。拿出杯子，早上泡的茶还有点烫，打开杯盖。

　　李姐的早饭是玉米粥煮土豆，山里冬季的早饭一般都是这样。歇了一会，我担心身上的汗落下去了会受凉。起身，背上行囊，与他们告别。

衍定一身僧衣站在褒禅寺方丈室外

衍定在诵读经书

刚出门，张剑峰打来电话说："刘景崇今天要下山了。"

我一愣，不是昨天说好了吗？

此时我爬山有 50 分钟左右，路程走了一多半，没有见到下山的脚印啊！我判断刘景崇应该还在山上。

我加快了爬山的步伐，在崎岖处，脚踩上一块石头时，不小心，脚下一滑，整个身子向右侧倾倒，相机正挂在右侧，我本能的把右手往外一移，石头磕在右肋骨处，有点疼。爬起来我轻轻地揉了揉，感觉尚无大碍。

此时远处，传来一声"咯吱吱"的开门声，声音在寂静的山村里显得格外清脆。门开处，闪出一位穿着灰衣服的老太太。

我的眼前出现了分叉路口，凭着记忆我走了左边小道。走了几步，我又担心走错，就冲着刚走出大门的老太太喊着问路。她告诉我，两条路都可以走，小道能近一点。

坐在三面玻璃墙的茅棚里可以鸟瞰群山

转了几个弯，终于看到了终南草堂大门，这是一个用木头和茅草搭建的柴扉，矗立在雪中，远看颇具诗情画意。及近推开柴扉，跨过一座小石桥。看到一簇簇翠竹立在雪中，那种绿意盎然，让人心生暖意，感悟到冬季生命和绿色的珍贵。

顺着篱笆墙的指引，左转右拐。看到院子里一个小伙子正在接泉水。

"刘景崇在吗？"我问道。

"下山去了。"

"路上没见到啊！"我有点着急。

小伙子提醒我赶紧去看看，他有可能正在给汽车装防滑链呢。

顺着小伙子的指引方向，我赶紧返回。

在终南草堂外另一侧的山路上，我看到两个人正在一辆三菱越野车旁忙活着，其中一人在雪地里上铺了一个蛇皮袋子趴在车底下，另一人提着防滑链跪在汽车的后轮旁边正比划着。

提着防滑链者正是刘景崇，他个头不高，约莫一米七，穿着一身灰色长衫、长袍，头上带一顶针织毛帽，脚上穿着长筒棉鞋。我们打过招呼之后，他把链子挂在汽车的后轮胎上，跨上驾驶室，发动汽车，往后倒了半个轮子。下车，把未挂好的另半边防滑链挂好，反复使劲，拉紧后又摇了摇，动作熟练紧凑。

挂好了防滑链，刘景崇站起身来，从后备箱翻出胎压计，给四个轮子放了一些气，因为下雪路滑，气压小一点，轮子会变宽一点，这样有助于防滑。

放完气后，刘景崇从后备箱撕扯出一块纸箱片，用来刮汽车前玻璃上厚厚的积雪。

忙完了，我随着刘景崇回到终南草堂。

刘景崇步态轻盈地走在前面带路，走到一个外面盖着茅草的屋子前，刘景崇笑着说："这是我们的活动室，有土炕，暖和一些。"

说话间，刘景崇掀开厚厚的棉门帘，屋子里有一宽敞的大厅，三面的玻璃墙，室内放着一个长条桌和两把长条凳子；另一侧是两间屋子，从烟熏的颜色可以看出一间是厨房，刘景崇招呼着我进入到另一间房子，并招呼着上炕。

我上炕后，盘腿而坐，刘景崇拿出小毯子，叮咛我用小毯子盖在膝盖上防止受凉。他们已经吃过午饭——香菇面，他对暂住草堂的小王说："去给陈老师下点面条吧。"

刘景崇看到我满头大汗，这是冬天啊！他从纸盒扯出几张餐巾纸递给我，让我赶紧擦擦，尤其是风池穴，别受凉了。

刘景崇拿出茶叶放入铁壶中煮茶。不一会茶煮好了，我们坐在热炕上，一边喝茶一边聊天。

大雪之中，刘景崇在给汽车加防滑链

刘景崇住在终南山的茅棚

　　一会儿，面煮好了，一碗香菇面，面是挂面，香菇酱是刘景崇炒的，越吃越香。吃完了一碗，又加了半碗，吃得有点撑。

　　吃完饭，在终南草堂里转了转，看到这里和几年前相比变化不小，新盖了不少茅棚，不少茅棚前面都安装了落地玻璃墙，这样坐在其中视野开阔。

　　刘景崇领着我去他的禅室，顺着山间小径上行约 3 分钟，这是这个山谷最高处的一个茅草屋，面向东方，四周山峦起伏，犹如一个龙椅一般，在传统意义的风水上来讲这是难得的好地方。

　　茅棚的墙面用黄泥糊砌，一排四间禅室外面是一个狭长的空间，约 2 米宽，10 米多长，用一排透明的落地玻璃与外面隔开；地上放有蒲团、地桌，室内可坐禅沉思，可练字看书，亦可舒展腰腿，这是刘景崇白天的主要活动场所。坐在蒲团上鸟瞰群山看云彩飘逸，可环视苍穹，可观东方日升月上，真乃一处洞天福地也。

　　刘景崇的禅室门口挂着"止语"的小牌子，禅室地面上铺着草编的垫子，进入室内必须换拖鞋，这是一个四面用黄泥巴涂抹的小屋，只有四五个平方米，门里的右侧地下放着一个蒲团，墙上挂着一幅佛像，下面放着香炉和几本经书，最里面是一木榻，木榻上铺着厚厚的两床被子，最里面的墙上挂满了草帘子，这是专门的装饰。

我们聊了很多话题，说到开心处，刘景崇用戴着手套的手端起一个黑瓷茶杯，喝了一口茶。那簇小胡子随着微笑的嘴角微微抖动。

刘景崇说他之前忙于事务，从不理家务，也很少照顾父母，现在一回到广东就陪在父母身边。

他说："计划今年天气暖和了把父母接到山上来住一阵子，让他们来感受一下终南山的青山绿水，让他们也呼吸一下山里的新鲜空气，洗洗肺。"

刘景崇站在终南山远眺

聊完，我们一起下山。

早晨进山时，山外也是白雪皑皑，此时却已残雪消融，看不到一丝雪迹，而山里还是一片银妆素裹，山里山外截然两个不同的世界！

首次上山为筹拍一个中医和道医的纪录片

此前，笔者曾对刘景崇作过一次采访。

问：听说你对有些媒体的报道有意见，是对你的报道不准确，还是别的什么原因？

答：那个媒体的报道确实不准确，那个记者是跟着几个人一起来住山，也没说是采访，没想到回去就发出了"百万年薪老总隐居终南"这么一个新闻，其实在广东百万年薪也不算个啥啊！他们的标题做得太夸张了，年薪百万也没什么可好奇的。刘景崇说："我在上山之前的三年，已经没干啥了。"再说了我的离婚也和住山没关系。刘景崇说："我八年前就离婚了。"

"我是30岁结的婚，结婚半年左右的时间就离了，但现在还是很好的朋友。"说起他的婚姻，刘景崇话语陷入了回忆，他说在22岁时认识女友，20多年了，联系一直断断续续。在刘景崇30岁的时候，两人结了婚，但半年后又结束了。女友要的幸福就是好好的生活，生活是幸福的全部，希望好的生活就是房子大一点、车子好一点，而这些却不是我想要的生活。

分手后，女友很长一段时间都无法走出痛苦。"她从分别的痛苦中解脱不出来，都有点抑郁了。"

去年女友来终南山，想看看我住在山里的情况，我还带她去见了不还居士。女友看到我很开心，她放心了，但觉得住山不是她想要的生活。

冬天在终南山要盖两层棉被

"白俄罗斯人啊，她没有寄情山水的情怀。"刘景崇说。我这才明白，他曾经的妻子是一个外国姑娘。

问：前一阵我见到心一，我们聊起了你，他对你住山评价很高啊！说你"住山住得好"，而有媒体报道说你住了6个月，实际你住了多久？

答：第一次上山是2012年12月，当时也是冬季，一个人来的，也是慕名来到终南草堂。

刘景崇说他当时在筹拍一个中医和道医的纪录片，买好了器材，带着摄影师，一路寻访中医，拍了几个后，发现不是想象的那样，就暂停了。

后来，回广东住了半年，那半年待在城里就特别难受，当时想了很多很久，于是就打定主意：住山。

于是2013年9月再次来到西安，10月份上到终南山一直住到2014年的4月，半年时间就没有下过山。

问：你为何选择放弃奢华而隐居深山？为何选择终南山？从南方温暖湿润的环境来到北方的终南山，能适应山居吗？

答：选择终南山也是缘分。第一次在终南山上住了一个晚上，就特别喜欢这个地方。

终南山是中国地理上的南北分界线，是中国的中脉，气场不一样。按照古地理区分，终南山、昆仑山是第一线的山脉，神仙都住其中；五岳中的泰山等是二线的山。我也去过很多名山大川，感觉它们都没终南山的气场和神韵，也没有茅棚的文化，有一句话说："天下修道，终南为冠"。我们广东那些山太矮了没气势，不像终南山大气磅礴，相比之下那不能叫山，只能叫作"丘陵"。

我刚上终南山的时候，已经是初冬，没多久就开始下雨下雪，当时山上条件差没有火炕，也没有电，但也没觉得太冷。

刘景崇说："可能是心比较专、比较热的缘故吧。"

现在我觉得住这里也挺好的，已经很习惯了，每天看日出日落，读书抄经，生活很惬意。

茅棚的前面是一个落地的玻璃窗，视野开阔

按照呼吸频率叩拜其实也是一种功夫

问：那你在山里怎么御寒的？

答：每天晚上我都搭（披）着衣服熏艾灸，去年冬天就是这样过来的。艾灸的效果非常好。

问：你的家庭情况如何？父母家理解你的山居生活吗？你带他们上过终南山吗？还是他们上山来看你？

答：开始家人亲戚朋友对我的选择都不理解，很多朋友不支持，还认为我是发神经病！后来都理解了，他们说那就好好修，朋友圈很难得有你这样的修行人，有个修行人多好。现在不少人羡慕我的生活。

问：你在山上是如何修行的？

答：我在山上"日出而坐，日落而睡"。

山上水好饭香，一天只吃一顿，一般在中午 11 点左右，吃面条或米饭，最近经常吃火锅，山泉水煮各种菜蔬。

冬天太阳升起的晚，早上起床也就晚些，起床后，先是活动一下筋骨，然后泡茶看书、诵经、叩拜、再诵经。下午依然如此，有时天气好时，去山里其他地方走走；晚上一般九十点钟就打坐，艾灸后就上床睡觉。

夏天时，太阳升起得早，起床也就早一点。在山上生活基本不看表，只看太阳的高度，太阳到那个山顶了，就该吃饭了。说着他指了一下对面的山头。

每天常作的就是调息诵经叩拜。叩拜其实也是一种功夫，也是一种锻炼，是按照呼吸的频率来叩拜，叩拜时五体投地的那种，因为这样叩拜血气就能往头上顶。

问：以前年薪百万，每年的花销应该比较大，过得很奢华吧？现在住山以后每年的开支多少？自我感觉住山和以前有啥变化？

冬季的终南山异常寒冷

剃发后的衍定习惯性的摸了摸脑袋

答：我做过一个公司的总经理，是有工厂的公司，员工很多，事也很多，每天忙忙碌碌的，特别累，干了一年就不干了。我和老板是亦师亦友，后来我俩合伙开了个礼品公司，第一年纯利赚了500多万元。

我喜欢玩，以前基本上都是工作半年然后玩半年。以前能赚钱，也能花钱，大把大把地花钱，挣再多的钱也不够花，现在是有钱没处花。以前工资高，花销也大，可以说过的是"花天酒地"的生活；现在住山了，基本不花钱，吃的米面油是从山下带上来的，很多蔬菜都是自己种的，偶尔买些香菇之类也花不了多少钱，有时朋友上山也会给带一些日用品，想要什么给他们说一声就捎上山了。

遇到好风景就停车煮茶

问：你以前去过很多地方，有没有想过故地重游？

住在山中的刘景崇留着小胡子

答：我没有刻意地计划去故地重游，去年 6 月又去了一趟西藏和尼泊尔。前妻是个外国姑娘，家里有钱，人长得漂亮又温柔，她找我说想复婚，我说那就一起生活一段时间看看吧，我们又在一起生活了一个多月，结果更加坚定了我的选择。

看来住山是我这辈子做的最明智的选择了。现在你给我个"仙女"我都不回去了！有朋友约我明年去非洲看看，看看那里的人文生活和环境，费用朋友全包了，只是让我去给他们做个伴。

问：2010 年 8 月，你驾车从青海经新疆前往西藏，在青海发生了车祸。每天无所事事在旅馆里睡觉。难道不着急吗？最后西藏去了没？

答：那是 2011 年 8 月，我驾车去新疆，走到西宁，我追尾撞别人车了，处理交通事故后要等发票，就在西宁住了一个星期。那一次没去西藏，后来就在新疆玩了。

西藏我已经去了五六趟了，川藏线、新藏线、滇藏线和青藏线几条线路都走过。

刘景崇联系山下的朋友

　　第一次是 2006 年去的，那个时候是一个车队，七八辆车，之后都是一个人自驾。我把越野车改装了一下，后面放着一个迪卡龙的大床垫，开车累了就睡觉，一般都是选在风景最好的地方，遇到好风景就停车煮茶。

每个人都有机会环游世界，看你做还是不做

　　问：有一句话叫知识改变命运，我觉得对于你来说是书籍改变了生活，听说你是看了南怀瑾的《药师经》后改变了生活方式，这本书为啥这么神奇？

　　答：是的。2011 年的车祸后，当时在西宁的宾馆无意中看到了《药师经》（第七卷）。说着，刘景崇从身后的书架上翻出了一本已经破旧的《药师经》，说："万事皆有因果，我觉得过去的生活不是我想要的。"刘景崇说，随后他接触了大量佛学书籍，慕名前来终

衍定帮着师兄弟取快递

南山寻师问道。

"其实所有人都可以有能力有条件去过上让心更安宁更幸福的生活。"

有人担心不懂外语，能环游世界吗？很多人说自己没有钱，哪能去远行？其实都是自己给自己添加了附加条件，每个人都有机会环游世界，看你做还是不做。

问：《药师经》现在看完了？

答：看完了，不知道看了多少遍，我看了这个书以后，觉得每个人都应该有一个舒适的生活，就算你做不到，你应该知道。后来我还把《药师经》买了好多本，寄给不少的朋友，送给他们做个纪念，给他们说是这本书改变了我的生活。

现在很多朋友看了《药师经》后变化果然不小，原来很多人无肉不欢，无女人不欢，因为这本书，肉也不吃了，女人也不搞了！

莽莽终南山

宽印：寺庙之福是人才

　　紫竹林位于终南山南五台峻拔秀峭之岩壁间，背靠南五台主峰观音台，俯瞰关中平原，西临竹谷峪，东望灵应台，为南五台最具规模的寺院之一。据寺内碑刻记载，南五台因观音降伏火龙而成为观音菩萨的道场，自隋唐至今香火不绝。因寺门口有一巨石酷似犀牛，于是便有"犀牛望月"的胜景。

紫竹林的住持宽印

紫竹林位于清幽的南五台

隐修的僧人行脚归来

黑虎殿院内最奇特的是那棵"龙凤树"

　　紫竹林自清末怡峰禅师之后有六代相承至今，自恢复宗教政策以来，常明老和尚为中兴紫竹林，不顾年迈，亲自主持修建，历经十年，投入巨资，始成今日之规模。如今紫竹林已成为终南山一处重要的佛教活动场所和旅游胜地。

　　紫竹林两边山坡上的林木种类繁多，有美国的火炬树、云杉，日本的落叶松，还有闻名全省的白皮栎林带。

　　丛林深处有一平台，建有清静幽雅的庄园，名为"紫竹林"，曾是著名法师常慧讲法之处，法师圆寂后，圆寂塔建在寺院内的祖塔内院，供后人瞻仰，中国佛教协会主席赵朴初为其撰写碑文。

　　紫竹林依地势分上下两院，上院由灵光殿和塔院组成，灵光殿雕梁画柱，俊秀雄伟，俯瞰长安大地平荡如砥。曾住锡于此的怡峰老和尚这样描绘紫竹林的胜景："前有长安明灯照，后有松屏随意靠。左有甘泉香且美，右有石莲登远眺。"夜晚远眺西安城郭灯火阑珊，荧光晃动；仰望星空，凌空回首，好似立于云头。下院正中为圆通宝殿，内供奉观音端坐紫金莲台，炉内清香如缕，袅袅不绝。东厢"佛光阁"与犀牛石相依，西厢"紫薇阁"与白龙洞为邻。院内青石铺地，雕栏玉砌，清净幽雅，为一处难得的佛门净地。

　　走到紫竹林正门外，看到工地边提示游人绕行的牌子，得知正在修建的是南海财神殿。过去修建寺院用的材料大部分都是砖木，现在基本都是水泥钢筋了。

　　紫竹林下不远即是黑虎殿，黑虎殿院内有一棵奇特的柏树，由

宽印在山巅偶遇一名行脚僧

于树形，颇似龙凤，故而称之为"龙凤树"，距今约一千多年，古柏一半已经干枯，另一半依然枝叶繁茂，展示着顽强的生命力。

黑虎殿建有三圣宫，因年久失修，院内杂草丛生，久无人居住，唯有三四只流浪小狗守护着，看见陌生人进来，总是吠叫不停。

画家张文敏是宽印的故友，2014年10月22日，约好时间，我们一起迎着薄雾前去拜访。

宽印住持早已在山门口等候我们，他身穿粗布僧袍，一米八五的大个子，气宇轩昂。一见到我们，就热情地迎上来，寒暄问候之后，我们一同登山。

半个小时后，来到了紫竹林，宽印住持安排我们进客堂休息。进入客堂，首先映入眼帘的是千手千眼观世音圣像，周围的墙壁上

一名居士向宽印法师问事

南五台，一位云游僧正准备下山去

挂有历代住持、高僧及宽印住持参加法会活动的照片。

和宽印住持交谈，得知宽印法师 1968 年出生于甘肃省天水市的中医世家，少年皈依佛门，在长安护国兴教寺礼上常下明长老门下剃度修行，赐法名"宽印"，后又在广东追随中国禅门泰斗上本下焕长老研习佛法数年，2004 年回终南山紫竹林修行住持宣扬佛法。

希望将终南山紫竹林建设成观音文化基地

在紫竹林用完午饭，下午 3 时许，我和张文敏及宽印法师相约一起去爬山。沿着紫竹林后院拾阶而上，在一正在建设的工地前，宽印法师上前查看了一下施工的情况。

此时山里雾气升腾，越来越大，眼看着云雾顺着山间往上攀爬，很快远处的群山只留山头裸露在云雾上面；一会儿整个山被云雾笼罩，一会儿又若隐若现，我们也仿佛置身于云海之中，进入到灵山圣境。

张文敏见如此胜景，不停地用手机拍摄，并感慨地说："看来以后山水画要改变一下视觉了。"

张文敏擅长山水画，看到云锁终南雾封五台的磅礴圣境，他感慨自己仿佛也找到了创作的灵感。

爬到岱顶，遇到了一出家人，行者打扮，宽印主持与其交流中得知，此人叫南方，慕名而来此云游。

我们在山顶细细观赏难得一见的云海，真是一种视觉的盛宴。我拍摄了好多美景，收获颇丰，宽印住持也把一串佛珠结缘与我。

佛教的许多文化与生活生命息息相关

自从佛教传入中国，极大地丰富了中国文化，并在我国得以落地生根，开花结果，终南山从此便成了世界各地行者修行、交流、学习和研究佛教的佛教圣地。

佛教的许多文化与生活生命息息相关，修行人的人生，青灯古佛，贝叶黄卷，平静的心态决定一个修行者的人生，食以素斋，粗茶淡饭，粗衫布衣。佛教修行首先修心，心态的平和与健康息息相关。

宽印住持讲，佛祖当年是可以继承王位的，后来他放弃了王位。一心修行，终成正果，并发现了宇宙与人生的真谛。佛祖用自己的实际行动告诉世人一个道理"无欲则刚，清净无为"。

终南山是秦岭山脉的一部分，南五台是终南山中段最灵秀的地方。终南山千峰叠翠，景色优美，素有"仙都"、终南毓秀的美称！

宽印与山中做生意的老居士

五台神秀，更因是观世音修行成道的仙场而闻名天下，历代引得世界各地信徒、文人墨客前来朝圣交流，隐居修行。

唐朝的胡僧应是第一批终南隐士

终南山为什么有这么多的隐士？宽印法师讲，其实终南隐士与胡僧有很大的渊源。汉朝时佛教从印度传入中国，许多印度高僧前来东土大唐讲经说法，胡僧（当年西域的高僧）里不少人喜欢清静，喜欢住在山里。大唐盛世的国都就在长安，距其不远的终南山便成了胡僧的理想修行之地。"胡僧应该是终南山最早的一批隐士。"

印度的高僧认为终南山是中国的第一名山，它类似于西域的大

画家张文敏和宽印一起爬山

灵鹫山，能在终南山讲经说法犹如与如来佛祖在一起一样。后来也有不少胡僧不远万里，来到中国，隐居终南，讲经说法，实现自己传播佛法的美好愿望。

终南山，因其灵秀，适合在此修行、学习、讲经、交流，又距当时的国都长安很近，故而吸引着世界各地的文人墨客，因此终南山很快便成了世界佛教圣地和文化交流中心。

能常住几个优秀的出家人那是寺庙之福

宽印初中毕业后皈依佛门。"跟随师父几十年，师父对我的影响是潜移默化的，我是在无意识的状态下耳闻目染受到的熏陶。"

宽印法师说话不是照本宣科，他博古通今，又善于古今结合，古老的东西用现代话一比喻，显得幽默风趣。

宽印法师说自己没有修为，我觉得他是在自谦。

"梆……梆……"正说话间，传来几声板子声响。

"打板就是开饭了！这么多人，跟解放军吹军号是一样的。"看出我的疑惑，宽印法师解释说。

一个寺庙里能真正常住几个好的出家人那是寺庙之福。这个领域实际上是很高端的，以前人们误以为宗教信仰是迷信，其实错了。过去寺院讲经说法的法师都是当时的状元、探花、榜眼，是高级知识分子，秀才都不行，这就是唐代以后为什么出了那么多高僧、诗僧的原因。那都是国家的尖端人才，你没有尖端人才的投入，哪能有尖端的东西出来，与现代的高科技是一样的。

未来寺庙的发展必须是人文化、学术化、国际化，这是趋势。人文化就是人的生活设施要都能跟上，寺庙里学者学习的气氛要浓，年轻人也好，甚至老年人，要到寺庙接受新模式、新思想。为国家也好，为自己也好，让生命得到升华。

目前，中国的寺庙的短板就在于社会高速发展了，寺庙的很多东西却都滞后了。这需要更多地与沿海及海外交流学习。

宗教未来一定是国际化、学术化。学术搞不上去，你不修行，你就要被淘汰，宗教本身就讲究修法。禅修，不管是任何一个宗教，它都提倡这些东西，核心内容就是禅修。印度叫冥想，坐下来思考自己，思考问题，心静下来，检查自己。我今天做了什么，我今天做的哪个地方对，哪个地方不对，佛教也是这样。每天检查自己，就相当于写日记，只不过不用文字而已。

陕西这个地方文化底蕴应该说在全球都是首屈一指的，终南山更是重中之重，但不少寺庙有门户之见，相互不够包容。为什么呢？你比方说，互联互动，这个寺庙搞活动，我这个寺庙去支援一下，去个人也算是支持吧，不一定说要你什么，但没有！

虽然我们是出家人，但很多地方包容性不够。文化要交流，思想要交流，人与人之间要交流，国与国之间也要交流。交流以后就可以减少误会。

宽印法师步入紫竹林

终南山在大唐时期就是一座国际圣山

我此次来到终南山，我对宽印法师作了专访。

问：你也去过很多山，为啥最终选择终南山？

答：终南山和别的山相比较，历史和文化底蕴应是全球之冠。

从大唐盛世说起，那时的长安与终南山都是站在世界文明的前沿，长安是一座世界级的文明之都，而终南山是一座圣山，也是一座国际圣山，它承载了很多东西。首先对中国文化来说，它承载了儒释道，三教合一，说明在很早以前我们这个民族的包容性特别强，不排外。只要是对人类、对社会有帮助的东西，采取了包容吸纳的态度，也许正因为如此，才有了大唐盛世，也确定了中国文化在世界上的核心地位。

我也看新闻，前不久，习近平主席访问印度，当时我也在印度。他与莫迪总理谈得非常好，都希望天下太平。习主席提出的口号就是国际化，全球共享人类的文明成果。他讲"愿借鉴人类一切文明成果"，这句话让我受益匪浅。比如说科技方面，在唐代很多外来的对中国的影响也很大，但很快我们就把它吸收了，这样我们也出了很多成果。

在信息飞速发展的今天，做任何事情都离不开现代化的通讯手段。以前我们在山里手机没有信号，想联系一辆车都困难，只好步行走 10 多公里的山路；现在好多了，手机信号基本上做到了全覆盖。

我们首先是要感恩，感恩众生，感恩政府。这么高的山，这么困难的条件下，移动网络、有线电视基本已经覆盖，我们有宗教的信仰，更爱自己的国家。

昨天，寺院来了几个佛学院的研究生，他们在西北大学读书。"长江后浪推前浪，前浪死在沙滩上"。我说我寄希望你们在未来的

远眺南五台雪景

二十年弘扬佛法。我也有老的那一天，你们要把从佛祖留下的经书里学到的智慧，要更好地服务社会，惠及众生。

不能出家了就是一个人的事情，不问世俗，脱离社会，应更好地教育后人。出家人都有弟子、有朋友，你怎么去引导他们，拜个师傅这就相当于子女要接受父母的教育一样，教育弟子如何成家立业，相夫教子。特别是女性，对每个家庭，对整个社会的贡献是非常大的。我的弟子里年龄有比我大的，也有比我年轻的，很多心里话都愿意跟我说，我们既是师徒又是朋友。比如夫妻之间、父母之间、婆媳之间，有些个人的小问题，他们就跟我请示，我通过好多典故开导他们，使他们感悟到生活的真谛，生活中每个人要有责任，他们想通了，我也感觉开心许多！

远眺南五台夜景

寺院的功能性就像一个能量场

问：随着经济的飞速发达，中国的传统文化在消失吗？

答：没有消失，传统文化与佛教密不可分，有相当一部分已经融为一体，保护、传承佛教文化、传统文化，我们要一代一代地持续下去。

昨天我们就在这里讲课，一般寺庙是不允许的。这里边供着佛像怎么能讲课？我说没关系！就是想让更多的人了解传统文化和佛教的关系，传统文化的许多内容佛经里早就提出来了，佛教文化的宣扬更离不开传统文化。

传统文化及佛学所包含的内容太多了，就像一所大学里面开设

南五台，挑运砖块的挑夫

的学科，有音乐、绘画、建筑、医学等。现在佛学院只是佛学单一的教学课，简单的佛理。一个人出家，就要服务社会，怎样更好地服务社会？就要有广泛的知识，过去讲精通六艺，现在很多人一两样东西都不精通。佛教现在确实缺乏专业人才，我说的专业人才也是高端人才。

是否在佛学院里面增加一些专业，既能丰富学者的知识，又能更好地服务社会（这只是我个人的想法）？就像一所大学开设的好多专业，它是一个能量场，永远传递着强大的正能量。

佛教刚开始兴起时有禅宗、净土宗、密宗、法相宗、三论宗和华严宗等八大宗派。每个宗派的修行方式上的差异大吗？进入禅境以后是一样的，只是起点不一样。

寺院的功能性就像一个能量场一样的，引导着众生，积极、从善、包容、居安思危，更好地服务国家和社会。从人心思善、加强团结、爱国爱教等方面教育引导人，从个人方面讲究修身养性、家庭和睦、身体健康，以积极的心态引导人，这就是人间佛教，也是大乘佛教的核心思想。

改革开放 30 多年来，宗教也得了长足的发展。但是我们发展的过程还是滞后了，比如我说的寺庙的智能化，这是以后必然的趋势，很多人感觉我们的寺庙就是破败的、没落的。其实寺庙对人的精神领域的影响是比较大的。

咱们现在盖庙，西北的出家人的意识形态还停留在原始状态，认为是给菩萨盖庙，实际上是给菩萨盖庙之余也是给人盖庙，给活菩萨盖庙。比方说修建会议中心、文化中心、隐修中心、多媒体展示中心，这些必须有，寺庙应该功能齐全，设施先进，这样才能更好地为社会服务，让寺庙更好地起到一个对成年人再教育的作用。

紫竹林的后面正在修建一座大殿。宽印法师说，后面正在修建的是南海财神殿，是一殿套两殿，是一个三教合一的思想体现，计划明年完工开光。由于山上潮湿、寒冷，再加上空气的污染，庙盖好后会采用一些非常先进的手段，大胆地运用新型复合材料。我们既要保留传统，也要有创新意识，与时俱进。

建设一座寺院，盖庙的理念和我们俗家人盖家还不一样，点点滴滴，事无巨细，少一样都不行。这是一个大的家庭，特别是山上，少一样东西可能马上让你停止运转。

樊洲和爱人金枫一起隐居终南山

樊洲: 独创韵律择实修

　　傍晚，夕阳西下，我在翠华山天池旁听到一曲古琴曲《忆故人》，空灵琴声的弹奏者是一位浓髯的中年男士，他一人独坐于三层楼高的巨石之上，双手抚琴，神情悠然。

　　旁边站着一位女士随着琴声附和着：

樊洲在终南山

终南山里隐藏着不少古寺

归去来兮，请息交以绝游。

世与我而相违，复驾言兮焉求？

悦亲戚之情话，乐琴书以消忧。

农人告余以春及，将有事于西畴。

或命巾车，或棹孤舟。

既窈窕以寻壑，亦崎岖而经邱。

木欣欣以向荣，泉涓涓而始流。

善万物之得时，感吾生之行休。

听得出，这是陶渊明的《归去来兮辞》，抑扬顿挫，一派悠然自乐之情。

像杨过与小龙女一样怡然自乐

从附近居住者口中得知，弹琴之人叫樊洲，在山间隐居了近20 年，清晨习拳练武，下午独坐抚琴。

樊洲作品《神会》

樊洲等人在翠华山西峰上练太极

樊洲和金枫夫妇就这样，每年在山上待 10 个月，爬爬山、打打拳，过着逍遥的生活，有点像《神雕侠侣》里的杨过与小龙女。

抚琴结束后，樊洲先生走下巨石，他介绍说自己从 1992 年开始隐居翠华山，醉心于琴拳书画。

对隐居翠华山的初衷，樊洲说，起因是 1992 年政府安排干部下乡锻炼，他就选择了翠华山。当时翠华山上条件很差，是一位村干部带着一位村民在山下接了他，帮他把一卷行李背上了山。那个时候，旅游还没开发，山上除了常住的村民，山外的人很少进来。从山上到山下要走 3 个小时的山路，然后坐几个小时的长途汽车才能抵达西安。

我跟随着他来到位于天池旁边的一处幽静之地，穿过一小片竹林后，豁然开朗，他的居室位于海拔 1800 米的一堆山崩乱石之旁，坠子中间一颗核桃树有 30 多米高，树冠极大，旁边一簇松树，一座石桥，一排顺势雕琢的自然石阶通向他的居室。这是一幢拙朴的汉式建筑，巨大的黑色木门中央，雕刻着四个大红篆字"众里寻他"，黑红对比分明，透出几分中国传统文化的味道。

樊洲对自己的这个创意十分满意，一说起来面露喜色。

走进屋内，最先映入眼帘的是一副对联：

观日赏月看山戏水踏雪赏梅听蝉，
读书作画吟诗舞文练拳操琴品茗。

看来，樊洲先生把文人追求的理想生活已经变成了现实。

樊洲告诉我，刚开始，他在山上住在四面透风的茅棚里。说起隐居翠华山，樊洲慨叹："我之前游历了祖国的不少名山大川，却被翠华山巧夺天工的奇观和灵秀的景色、磅礴的气势所吸引，于是就在此扎根。"

他独创了一个中国山水画的技法——韵律山水

初看樊洲近年来创作的山水画，纵横交错，让人眼花缭乱，有点纷乱如麻般的感觉。细看之下，这些乱象之下却是极尽韵味而富有章法；有专家称，樊洲独创了一个中国山水画的技法——韵律山水。

樊洲，字龙人，1953 年生，早年师从石鲁、康师尧、叶访樵等先生，曾对优秀的民族绘画传统进行广泛深入的学习，花鸟画独具特色。1986 年调入西安中国画院任专业画家。1990 年后，研究水墨动物画、彩墨山水画，开创"韵律山水"、"曲线交织画法"。2001 年在终南山世界地质公园修建樊洲中国画馆，潜心作画。曾在美国、瑞士、法国、加拿大等国家和地区举办画展，多幅作品被国内外博物馆收藏。现为西安中国画院院委、西安文史馆研究员。

艺术评论家李小山对樊洲的评价是："樊洲的作品以'道''气'为源，以音律入画，发现了曲线交织的画法，体验到了大自然的内在律动，以及物体的内在结构。我发现，樊洲这批用线条构成的山水作品，达到了他与前贤对话的预期，而且，非常鲜明地表达出多年来他对山水画图的出色理解……他在肯定中否定，在否定中肯定，一切皆出于他精神上的自由。一个自由的人才能避免沦为名声和物质的奴隶，真正地享受艺术带来的快乐。这便是樊洲的可贵之处，也是他在绘画上不断前行的动力。"

艺术批评家彭德曾言："樊洲不留恋城市，不热衷名利，面对樊洲，你会感受到一派世外桃源的气息。樊洲刻画的是终南山，终南山也将会铭刻樊洲。隐于山野的樊洲，相对于市井画家，处世比较自我和独立。这种生存状态容易成全艺术家的梦想，尤其能成全别出心裁的画家之梦。樊洲隐居终南山，看山读山画山，寻找独特的表现方式。樊洲的山水画分为三型，都具有人文意味：一是寓意

雪后，终南山里的隐修者在练拳

山水，二是书写山水，三是乐律山水。"

古代隐士里哪个该排第一

樊洲先生几位朋友远道而来，我也受邀上山。在这座终南灵秀之地，也是地质山崩奇观之处，几个人举杯小酌。樊洲说："这是朋友特地带上来的龙窝原浆酒！品尝一下。"

几杯琼浆下肚，话匣子也打开了，天南海北无所不谈。

对于隐士，大家也开始了讨论。何为"隐士"，就是隐居不仕之士。首先是"士"，即知识分子，否则就无所谓隐居。不仕，不出名，终身在乡村为农，或遁迹江湖经商，或居于岩穴砍柴。历代都有无数隐居的人，皆不可称为隐士。《辞海》释"隐士"是"隐居不仕的人"，没有强调"士"，实在是不精确。《南史·隐逸》云：隐士"须含贞养素，文以艺业。不尔，则与夫樵者在山，何殊异也"。而且一般的"士"隐居，怕也不足称为"隐士"，须是有名的"士"，即"贤者"。《易》曰"天地闭，贤人隐"，又曰"遁世无闷"，又曰"高尚其事"……是"贤人隐"，而不是一般人隐。质言之，即有才能、有学问、能够做官而不去做官也不作此努力的人才能叫"隐士"。《南史·隐逸》谓其"皆用宇宙而成心，借风云以为气"。因而"隐士"不是一般的人。

随后，大家谈到古代隐士里哪个该排第一，有的说庄子，有的推举陶渊明。

说起中国的隐士，似乎陶渊明当排第一，就像元曲里说的："……尽道便休官，林下何曾见？至今寂寞彭泽县。"就连一向看不起隐士的鲁迅先生也说："陶渊明先生是我们中国赫赫有名的大隐"。

但我却不以为然。据了解，陶翁20多岁时开始出仕，虽然做的都是些小官，时仕时隐，隐隐仕仕，在41岁时（按当时年龄计算已经算是老年了）才出任了彭泽县令。人到中年了，只做了个七品芝麻官，想想还是不爽，于是卸任，用当今时髦的话说，就是辞职，炒了老板的鱿鱼，自此彻底归隐田园。做官做到老年才归隐，能算得上第一隐士吗？和那些一直隐修者相比，陶翁是一个入行较晚者，在隐居界也算是大器晚成，但确实成功了。

陶翁有如此美名，皆源于他那首《饮酒》：

> 结庐在人境，
> 而无车马喧。
> 问君何能尔？
> 心远地自偏。
> 采菊东篱下，

樊洲在自己居住的翠华山一块巨石上弹琴

悠然见南山。

山气日夕佳，

飞鸟相与还。

此中有真意，

欲辨已忘言。

　　这首诗与《归去来兮辞》一起，在中国曲词歌赋里太有名了，给陶翁赚足了声望和颜面。

　　有人说，"梅妻鹤子"的林逋当为第一隐士。宋代的林逋，名气也大得让人吃惊。林先生倒是未曾做过官，他是真心不屑做官，一个人在杭州的小孤山上种梅养鹤，揽清风赏明月，宠"梅妻"护"鹤子"，水清浅处疏影横斜，月黄昏时暗香浮动。观庭前花开花落，看天外云卷云舒，活脱脱一个神仙。

　　只可惜他隐的地方距离城市太近，隐在了"暖风熏得游人醉"的杭州，能隐得住吗？

　　反而是越隐名气越大，越隐拜访的人越多，最后连皇帝老儿都知道了他，在他死后，还赐予他一个"和靖先生"的谥号。试想，有哪个隐士能像林先生一样，"隐"得这样轰轰烈烈，让皇帝都"懂了"心思呢？

　　这两位都是隐士中的高手，隐后出彩，越隐越红。

　　中国隐士有一种解脱自在的精神，即保持心灵，而不单单是身体远离城市的喧嚣。

　　随着美酒的入肚，酒酣耳热，大家谈到了许由、巢父、伯夷、叔齐、鬼谷子、庄子、姜太公、王维、范蠡，还说到了"竹林七贤"和"商山四皓"……

　　这些古代圣贤们的奇闻轶事，在每个人嘴角，随着琼浆玉液一起流淌着……

　　与樊洲老师的约会数次都是在匆匆间，樊洲老师如闲云野鹤

画家樊洲在雪中

般，不温不火，斯文；我居于闹市，供职媒体，身不由己，每日都好像有忙不完的事；好在我们都是直性子人，说话办事的效率极高。与樊洲老师的交流中，他的言语不多，却往往富有哲理。他举了一个例子："别人骂你，其实就是空气振动了一下，但有人执著放不下，烦恼生气。"

知道艺术创造的艰辛才有隐居实修的选择

2015 年 4 月 27 日，我对樊洲老师专门作了一次访谈。

问："山不在高，有仙则名"终南山不高，也没有神仙，你为

樊洲送别来访者

何如此的喜欢终南山？而且在终南山一住就是 20 多年，远离尘嚣，深居简出，以琴拳书画对语终南山水，最初是出于什么样的考虑？

答：现世很多人艺术上并无成就，爱热闹，重宣传，知名度挺高，结果是"盛名之下，其实难符"。我们尊重艺术，知道艺术创造的艰辛，知道长期用功的必要，因此才有隐居实修的选择。在山中远离世俗喧闹，远离杂乱信息，可以更好地亲近自然，感悟山水的真相。山居生活清静，有更多时间加深人类文化知识的储备，促成艺术理念的提升，进行绘画语言的锤炼，真诚抒发情怀。在神奇灵秀的终南山中，朝夕与山水为伴，创作灵感源源不断，有效地保持了良好的创作心境。

问：山居终南，得天地之灵气，谈谈住山对你绘画的影响？

答：我早年曾阅读了大量的中外名著，研读中外文艺理论，进山后对释道典籍尤为用心，为提升艺术境界奠定了基础。隐居终南后经历了如下几个阶段：

1992 年进山，持续传统的创作方式。

1995 年，开始探索彩墨山水的表现语言。英国丙烯、日本矿物颜料、水粉颜料、金属颜料都在实验范围，熟悉这些颜料和中国宣纸之间如何配置，产生何种效果。

1996—2002 年，彩墨阶段，传统山水偶尔为之。常用长峰蘸多种颜色一挥而就，亦用金属颜色进行线条或局部的填充。

2002 年起，重新回到水墨。追求潇洒、实验性。

2005 年起，放弃材料探索，专注佛学、道家思想表达。代表作《一阴一阳谓之道》。

2008 年起，抛弃表象描述，专注音乐表述。代表作《华彩终南》。

2009 年底开始"曲线交织"画法，更加自由、完善。代表作《山脉血脉文脉》《高山流水》。

我不惑之年开始隐居，终在 2010 年寻得法门，成就"自在"

境界。均得益于终南山水的滋养。

问：你的山水与别人有所不同，看介绍，叫做韵律山水，说说来龙去脉？

答：与今人与古人不同是必须的，不然你的存在毫无价值。我经过 50 年学习研究实践，终于发现了新的领域，概括而言是发现了物体内在结构和山水的内在律动，绘画语言开创了曲线交织画法。这些成果是要历史鉴定的，也许 30 年后自有分晓。

学习与师承，至要在自身的用功钻研

问：有人说，随着经济的高速飞速发展，而中国人的信仰也在日渐缺失，中国的传统文化也在慢慢消亡，你怎样看待这些问题？

答：乱世百年，西学东渐，世风日下，中国文化的高度已被国人漠视久矣，中国文化包括建筑服装等已荡然无存。中国的院校培养出了一大批不肖之子，这些人用西方理念武装了头脑，是诋毁中国传统文化的主力军。但是中国文化并未消亡，有相当一批人很好地传承了中国文化的精髓，只待时运到来，自然开花结果。

问：作为一个文人，你是否在坚守着传统文化？在你的身上仍保留着哪些传统文人品行？

答：复兴弘扬中国绘画是理想，更重要的是学术上要有所建树。当代文人如能保持"朴素""勤劳""真挚""诚敬"的品质，自然就会一身正气，光彩照人。

问：有一句话叫做"名师出高徒"，不少的书画家或者别的行业从业者，也都给自己的简历上打上名师的标签，您怎样看待这个问题？您先后跟随李西岩、叶访樵、康师尧和石鲁四位先生潜心学画，这四位先生对您的影响最大的是哪位？能否说说和他的往事？

答：李先生功德，启蒙入门。叶先生指导，正脉传承。康先生

松树顽强的生长在石头上

引路，写生创作。石先生启示，立高格，行大道。

1966 年，"文化大革命"开始学校停课，我因为家教和喜爱书画的特点远离了喧闹，开始自修中国画，学习二胡演奏。1968 年拜西安名家李西岩先生为师，开始学习工笔青绿山水。两年后老师将珍藏的清代名家任伯年的作品让我临摹，并大为惊叹："真没想到你画花鸟手气这样好！跟我来，我带你去见叶老。"

花鸟画大家叶访樵（1897—1976）先生出身名门世家，工书擅画。曾做过某县县长，因厌烦官场拂袖而去，周游各地卖画为生。早年师从徐青藤、恽南田，中年后受任伯年、吴昌硕、张书旗影响，继承传统，自成一家。叶老晚年定居西安。我拜师时 17 岁，时年叶老八旬，六年内详细传授所藏古画和近现代名家任伯年、吴昌硕、齐白石、郭味渠、王雪涛的精品百余幅，每次课后他都让我带两幅画回去学习。在先生的悉心指导下，我学到了构图、设色、笔墨、皴法、落款、钤印等国画创作基本规律。

终南访禅

1974 年，我经挚友汪秦生（陕西图片社主任）引介拜见长安画派代表画家康师尧（1921—1985）。康先生教导说："学习中国画，初始应以临摹为主，掌握相应的技法，随后应该到生活中选择古今画家没有画过的题材，这必然要深入的观察和思考，这是成为画家必然要走的路子。那些仅知临摹的学子成不了真正的画家。""文革"后美协恢复工作，有一次组织画家赴秦岭山区采风，康先生凌晨到长途车站送别，车驶出很远仍看到先生徐徐挥手，这个画面永远印

在了我的心中。

　　我经过了对近现代大师的深入研究后，作品达到了乱真的程度。带着"外界的赞誉和自我感觉甚好"的作品拜见石鲁先生，不料画被掷还，还冷冰冰说了一句："这不是你的画！"我原以为会听到勉励和指点，谁想一盆凉水从头浇下，冷静下来反复咀嚼着这句辛辣的话，才意识到自己被前人技法淹没了，只会模仿。石鲁（1919—1982）先生在"文革"中受尽磨难，身体状况极差。"文

终南山里云雾缭绕，犹如仙境

革"后住院治疗,我曾表示想辞去工作随在身边服侍,先生坚决反对,且语重心长地说:"我的病也不知道能否治好;你还年轻,来日方长,况且画画也不是一朝一夕之事,是要长期坚持不懈努力的。"

任何行业的学习与师承,至要在自身的用功钻研。有句话说得好:"师傅引进门,修行在个人。"此话有真意,达者自明。

问:您曾多次携书画作品走出国门,赴国外举办展览,外国友人怎么看您的作品,他们对中国画如何评价?

答:有超越传统价值的作品才值得面向世界,决不可忽视世界人民的眼光与感悟鉴赏能力。在法国展览时易夫·米勒冈(法兰西学院艺术院院士)说:"樊洲画里的线条很优雅。能感觉到画家内心的纯净,作品洋溢着与大自然的和谐。有巴赫的静谧,也有喜多郎的空灵"。他看懂了我的画。

"琴拳书画"中无"棋"是因其暗藏杀机

问:古人讲究琴棋书画四艺,你已做到了,而且还习武,在这几个里你更偏好哪一个?这几个不同门类之间是否相通?

答:棋中暗藏杀机,我不玩。我修的是"琴拳书画",它们四位一体,深入到核心其内在是完全一致的。即表达"中道""和谐"。达此境界便是养心怡人的艺术。

问:"观相不如观气,观气不如观心"。中医的最高境界是养生,养生的最高境界是养心,山居20多年你是如何养生的,请给世人开示一二?

答:近两年微信盛行,犹如"现代毒品"般使"不究竟"的学说流通泛滥。城市所有之处,人人手持一机频频翻屏,更有甚者夜以继日,难割难舍,杂乱信息眼花缭乱,充斥了人们的头脑,令人颠倒梦想,心神恍惚。

三只喜鹊中，一只飞离树枝

养生的初步功夫其实很简易：远离杂乱信息先静下来！

其次，适度的运动劳动可使身强力壮，气血通畅，红光满面；睡眠充足自然精神饱满；读有"真意"的书使神清气爽；还有许多法门都有实效，那必须是有高人指点迷津，层层上进，才能最终达成身心和谐，明心见性，中道不二，圆融无碍之佳境。

后　记

2004年7月15日，我在《华商报》上做了一期视觉专题《修道八仙宫》，介绍了道士的修行生活。实际上，我接触修行者和隐士这个群体的时间更早一些——2003年的春天就开始了。时至今日，从一篇新闻报道到系列图书《终南隐士》《终南访禅》，我满怀虔诚，靠近真相。对我来说，拜见到每一个人，都是一次学习的过程，都是一次开悟和"修行"的过程。

随着《终南访禅》即将付梓，这些修行人是如何生活的？拍摄采访了这些隐士的生活之后，你如何看待"修行"？诸如此类的问题被再次提及。

说真的，尽管我10多年间接触了上百位修行者，但仅仅是一个寻访者、旁观者和记录者而已，不敢妄谈修行。而对于修行，似乎也没什么标准答案。在我看来，修行太深奥了，远非我这个凡夫俗子所能领悟。表面看来这些修行者素衣素食，诵经礼佛习武，减少社交活动，修行方式上大同小异，但我感悟到他们每个人修行的心境却大不一样，他们每个人心中都有一个"禅"。"修行"究竟是怎样的？如何才能抵达那个彼岸？则是仁者见仁，智者见智，他们每个人都有自己独特的觉悟之门。

或许"修行"就是一场与时间赛跑的运动，给生命以时间，终将到达；而"修心"才是灵魂深处的洗礼，虽远及未，但却漫长。我经历过的大多数隐士在谈及"修行"时都会讲身之所向、心之所往。

　　《终南访禅》中所选的 10 个人物代表着不同的群体，细心的读者会发现有几个人物在《终南隐士》出现过，是这样的。比如本如、释永净等。经过持续到关注和交流，我想我对他们的了解更深入了一些，故而在文字和图片方面做了补充。

　　在一次次的寻访过程中，我也发现，《终南隐士》一书中的很多隐士"消失"了，如同清晨的露珠，朝阳升起便难觅影踪。顿融师傅就是其中一位。他是我接触较深的一位，原本我们相约日后畅聊，可惜去时已成惘然，他居住的那个石洞人去洞空，悄无声息地走了，亦如悄无声息地来。他曾在西安城中的寺庙里住了 5 年，在终南山里住了 5 年；他曾经说过想去种种地，也许此刻正在某一田垅躬耕。与常住一地的修行者相比，他毫无牵挂，四海为家，飘忽不定，相见随缘，离别无信。

　　我在整理大量的采访笔记和照片时发现，自己所寻访过的隐士群体，是"有迹可循"的：有的是有稳定居所，有的活跃在网络上。在古代，寻隐是可望而不可即的事情，若要列举，孙思邈、徐霞客等绝对是历史上一等一的"寻隐高手"，身处现代社会的我，信息发达而纷杂，和古代的他们相比，便显得微不足道了。

　　有人不解为什么有人能舍弃家人、舍弃百万年薪而归隐终南？如果换一种方式来看待这个问题，那就容易理解多了。在我多年的拍摄和寻访中，很多隐士之间也是有往来的，他们相互交流着，可以称之为一个群体——"隐士圈"。常驻寺庙的僧侣，彼此间互通有无；临山而居的隐士，相互赠送供养；穿梭不同隐地的居士，来来往往……在这些人中，唯有苦修者心中少有"牵挂"，居所、食物、衣服，甚至自己的身家等等一切都是暂时的，从不谋划将来，更不享其拥有，一切随缘。

　　有人的地方就有江湖。生活在山中的隐士，一样逃离不开"江湖"，只是山中"江湖"行走的方式不同，他们大多"来无踪，去无影"，他们不需要靠迎合谁来创造生活，更无需靠富足的物质来满足生活，用当下的流行语来形容就是"任性"地活着。如果你也可以如此"任性"，那便是"大隐于市"。换言之，供养与被供养着，不论是精神上还是物质上，都是一种"修行"。2015 年 3 月 16 日，在终南山的嘉午台顶上，我见到了在五华洞修行演妙师傅。他从东北云游而来，居于山巅，笑呵呵犹如弥勒佛一般，他告诉我说："我们每个人都是佛祖。"回到山下仔细想想，其实我辈凡夫俗子，每个人心中也都有一个"禅"，只要心存善念，一样也可渡人渡己。

《终南访禅》是《终南隐士》的续集，这些人物是从众多的接触过的修行者中甄选而来的。他们有长居一地的隐者，有飘忽不定的行者，有寺庙里的高僧大德，有皈依佛门的居士，也有心向往之的凡夫俗子，禅意自在人心，如何寻访？我是想通过他们的生活、生存方式给大众带来一些开悟。

终南山太大了，隐士个体或者群体就像一粒尘埃，而终南文化远不及此。记得我在《终南隐士》一书的座谈会上说，终南隐士文化不仅仅是神秘，而是博大精深，我只揭开了一个神秘的面纱罢了。《终南访禅》依然是在叩敲修行的神秘之门。

《终南隐士》这个选题的第一次亮相是李德林老师在《中国摄影家》杂志上以专题的形式刊发；随后陈小波老师、巩志明老师多次鼓励督促我，要把这个选题长期坚持下去；柴选老师曾在《中国摄影报》上专题刊发，上海文化出版社的社长王刚亲自写评《不以表象看世界》。

在寻访过程中，杨小兵、张继敏、李杰、李建利、樊强、王欢、郭欣荣、狄蕊红等人曾断断续续与我一起长途跋涉。

在此书的编辑过程中，王乐军、贾旭彪审阅了第一稿，订正了不少错误和瑕疵；青年篆刻家钟镝先生特地治印一枚"终南访禅"；编辑李勇鸿、王宝红、蔡静、侯苍峰、苏战冰、周励等也为此书的编辑付出了不懈努力……

对于诸位师友的支持、鼓励和帮助，在此一并致谢。

人生就是一场修行，"人在哪里，修行的道场就是哪里"。谨此与各位共勉。

陈团结

2015 年 11 月 10 日改就

图书在版编目（CIP）数据

终南访禅：走进隐士的世界 / 陈团结 著 . – 北京：东方出版社，2015.12
ISBN 978-7-5060-8798-8

I. ①终…　II. ①陈…　III. ①隐士－研究－中国－现代　IV. ① K270.3

中国版本图书馆 CIP 数据核字（2015）第 273452 号

终南访禅——走进隐士的世界
（ZHONGNAN FANGCHAN）

作　　者：陈团结
责任编辑：王世勇
版式设计：杜维伟
出　　版：东方出版社
发　　行：人民东方出版传媒有限公司
地　　址：北京市东城区朝阳门内大街 166 号
邮政编码：100706
印　　刷：北京新华印刷有限公司
版　　次：2015 年 12 月第 1 版
印　　次：2015 年 12 月北京第 1 次印刷
开　　本：787 毫米 ×1092 毫米 1/16
印　　张：16
字　　数：200 千字
印　　数：2000
书　　号：ISBN 978 - 7-5060-8798-8
定　　价：35.00 元
发行电话：（010）64258117　64258115　64258112